Der Kunst-Ratgeber

Kreative
Kindermalschule
mit Wassermalfarben

Ute Ludwigsen-Kaiser

Der Kunst-Ratgeber

Kreative Kindermalschule
mit Wassermalfarben

ENGLISCH
VERLAG

Bibliografische Information der Deutschen Bibliothek
Die Deutsche Bibliothek verzeichnet diese Publikation
in der Deutschen Nationalbibliografie;
detaillierte bibliografische Daten sind im Internet über
http://dnb.ddb.de abrufbar.

© by Englisch Verlag GmbH, Wiesbaden 2003
ISBN 3-8241-1234-5
Alle Rechte vorbehalten. Nachdruck, auch auszugsweise, verboten.
Herstellung: Michael Feuerer
Printed in Italy

Ute Ludwigsen-Kaiser war langjährige Dozentin für
naturalistisches Zeichnen, Aquarell- und Pastellmalerei an der
Volkshochschule.
Seit 10 Jahren unterrichtet sie an ihrer privaten Malschule Kinder
im Zeichnen und Malen.

Inhaltsverzeichnis

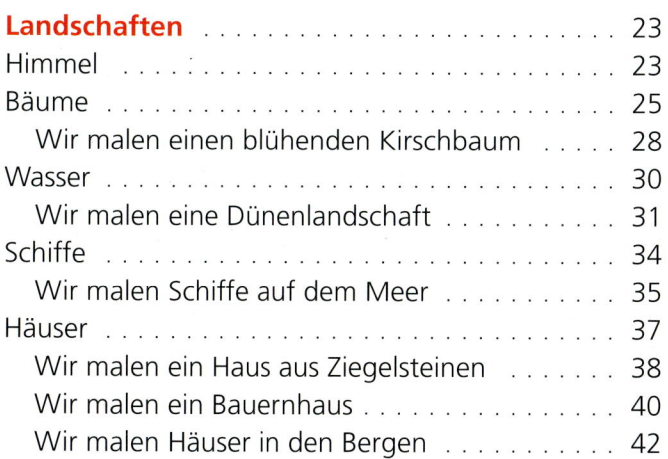

Vorwort

Du willst lernen,
wie man mit Wasserfarben malt?

Eigentlich kannst du es doch schon, denn du hast sicher einen Wasserfarbkasten, den du häufig benutzt! Aber du hast dieses Buch sicher deshalb aufgeschlagen, weil du glaubst, dass es da noch vieles gibt, was du lernen könntest. Und damit hast du Recht. Beim Durchblättern dieses Buches wird dir bestimmt das eine oder andere Bild auffallen, das du sofort nachmalen möchtest. Das kannst du natürlich machen! Besser ist jedoch, wenn du dieses Buch von vorne beginnst, wie du es ja auch bei Büchern machst, die dir eine Geschichte erzählen.

Denn eigentlich erzähle ich dir auch eine Geschichte. Sie handelt von **Farben** und wie man mit ihnen malen kann, davon, wie sie sich verändern, wenn man sie mischt. Ganz wichtig ist das Kapitel über **Licht und Schatten**. Das solltest du sorgfältig durcharbeiten, denn was ich dir dort zeige, kommt im Laufe des Buches immer wieder vor.

Aber all dies zeige ich dir nicht alleine. Ich habe einen kleinen Helfer bei mir, der dich von der ersten bis zur letzten Seite begleiten wird: meinen kleinen Hamster! Mit ihm zusammen gehen wir in den Wald, wir fahren ans Meer und gehen in den Garten. Wir sehen uns genau an, wie Häuser aussehen, und malen sie. Und auch die Tiere vergessen wir nicht!

Bist du jetzt neugierig geworden? Dann kannst du sofort anfangen!

Der kleine Hamster und ich wünschen dir viel Spaß und Erfolg beim Nacharbeiten der Bilder!

Deine Ute Ludwigsen-Kaiser

*Hallo, hier bin ich wieder!
Diesmal möchte ich dir zeigen,
was man mit Wassermalfarben für tolle
Sachen machen kann. Bist du bereit?
Dann kann's losgehen!*

Alles über Farben, Pinsel und Papier

*In diesem Kapitel lernst du, was man alles für das
Malen mit Wasserfarben braucht!*

Für das Malen mit Wassermalfarben brauchst du nicht viel:
Das Wichtigste ist natürlich der **Farbkasten**, in dem sich 12 oder 24 Farbtöpfchen oder Farbtuben befinden. Deckweiß gibt es in einer Tube dazu.

Damit du lange Freude an deinen Farben hast, zeigt dir der kleine Hamster nun, wie du sie **nicht** behandeln solltest:

Sieh dir die Farbtöpfchen an! Sie sind verschmutzt und unbrauchbar!

Bis du den Farbkasten wieder sauber hast, ist dir die Lust am Malen sicher vergangen. Und dabei ist es ganz einfach, saubere Farben zu behalten: Wasche jedes Mal, wenn du die Farbe wechselst, den Pinsel in einem Wasserglas aus.

Dann brauchst du verschiedene **Pinsel**. Wir malen in diesem Buch mit Borstenpinseln und mit Haarpinseln. Bei den Haarpinseln solltest du nicht die billigsten nehmen. Sie sind zu weich und biegen sich zu stark, wenn du mit ihnen malst. Frag mal in einem Geschäft nach „Synthetikpinseln". Du wirst staunen, wie gut man damit malen kann.

Außerdem brauchst du natürlich noch **Papier**, auf dem du deine Bilder malst.

Du kannst normales Zeichenpapier nehmen oder Packpapier; es geht auch auf Tonpapier – eigentlich kann man auf allen Papiersorten malen. Achte nur darauf, dass das Papier **nicht zu dünn** ist. Dünnes Papier wellt sich, wenn es feucht wird. Dann bilden sich Farbpfützen, die nach dem Trocknen unschöne Ränder ergeben. Ich gebe dir einen Tipp!

Alle Bilder in diesem Buch sind auf **Aquarellpapier** gemalt worden. Es gibt dieses Papier recht preiswert als „Studienqualität" in Blockform. Dann kostet es weniger als zum Beispiel Tonpapier. Das wäre doch ein schönes Geburtstags- oder Weihnachtsgeschenk!

Wenn du mit Aquarellpapier arbeitest, wirst du feststellen, dass das Papier auf dem Block an allen vier Seiten geleimt ist. Dadurch kann sich das Papier beim Malen mit nasser Farbe nicht wellen. Deshalb solltest du die Blätter auch nicht vom Block trennen, bevor dein Bild fertig und getrocknet ist.

Nun fehlt uns noch ein **Becher mit Wasser**, ein **Küchentuch** oder ein Lappen, um die Pinsel zu trocknen – und dann kann es losgehen!

Wie man mit Wasserfarben malt

In diesem Kapitel lernst du
das Wichtigste über das Malen mit Wasserfarben.
Was du zum Malen brauchst,
habe ich dir auf den ersten Seiten gezeigt.
Nun geht es darum, **wie** man mit Wasserfarben
malen kann – und da gibt es viele Möglichkeiten.
Am besten probierst du sie alle aus!

Damit du mit dem Malen überhaupt anfangen kannst, muss die Farbe in den Töpfchen flüssig gemacht werden. Dafür brauchst du Wasser, das du zunächst mit Hilfe eines Pinsels auf die Farbe tropfen lässt.

Anschließend verrührst du das Wasser mit dem Pinsel solange auf dem Töpfchen, bis ein Farbbrei entstanden ist.

Aber nun kommen wir zu den **Maltechniken**!

Zuerst zeige ich dir, wie man **deckend** mit Wasserfarben malt: Du gibst Wasser auf eine Farbe und rührst solange, bis ein dickflüssiger Farbbrei entstanden ist. Wenn du mit dieser Farbe malst, deckt sie das Weiß des Papiers völlig ab.

So kannst du jedoch nicht nur das weiße Papier abdecken, sondern auch mehrere Farben übereinander malen. Achte nur darauf, dass die unten liegenden Farbschichten trocken sind, sonst mischt sich die untere Farbschicht mit der neuen.

Man kann aber auch mehrere Farben absichtlich ineinander malen. Solange die Farben noch feucht sind, fließen sie und mischen sich zum Teil. Diese Art des Malens nennt man **Nass-in-Nass-Technik**. Noch deutlicher wird diese Malart, wenn du das Papier vor dem Malen mit einem Schwamm  oder Pinsel anfeuchtest und die Farben auf das nasse Papier gibst.

Du kannst Farbflächen sanft ineinander übergehen lassen, **indem du die Farben auf dem Papier mischst**. Das geht natürlich am besten, wenn die erste Farbe noch feucht ist. Wenn sie jedoch getrocknet sein sollte, malst du einfach mit der neuen Farbe immer wieder über die trockene Farbschicht. Die Feuchtigkeit in dem frischen Farbauftrag macht die trockene Farbe wieder flüssig, und die beiden Farben mischen sich.

Und jetzt du!

Sieh dir diesen Blumenstrauß an. Er ist in der Nass-in-Nass-Technik gemalt worden. Überall dort, wo eine Blüte entstehen sollte, habe ich das Papier angefeuchtet, bevor ich Farbe aufgetragen habe. Mal auch du einen Blumenstrauß mit dieser Technik.

Hier siehst du eine so genannte **Lasur**. Dies ist eine stark mit Wasser verdünnte Farbe. Sie muss so durchsichtig sein, dass alle darunter liegenden Farbschichten hindurchschimmern.

Wasserfarben lassen sich jedoch nicht nur mit verschiedenen Pinseln vermalen. Welche Möglichkeiten es noch gibt, zeige ich dir jetzt: Diese Muster sind **mit einem Schwamm getupft** worden.

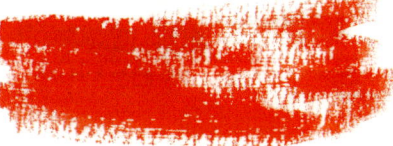

Borstenpinsel

Wenn du mit **sehr trockener Farbe malen** willst, ist es ein Unterschied, ob du einen Haarpinsel oder einen Borstenpinsel nimmst:

So sieht es aus, **wenn du mit einem zusammengedrückten Papierstückchen tupfst**.

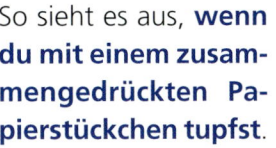

Du kannst auch **mit einem Borstenpinsel tupfen** …

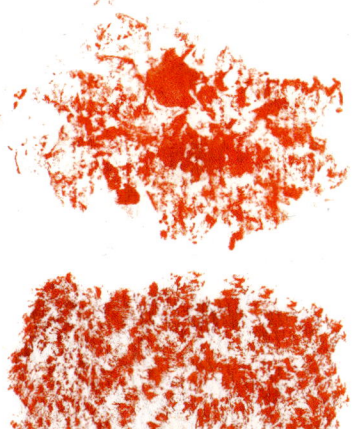

Haarpinsel

… oder die Farbe **mit dem Borstenpinsel aufspritzen**. Dazu nimmst du flüssige Farbe auf. Anschließend biegst du mit Daumen und Zeigefinger die Borsten zu dir hin. Wenn du sie loslässt, spritzt die Farbe auf das Papier.

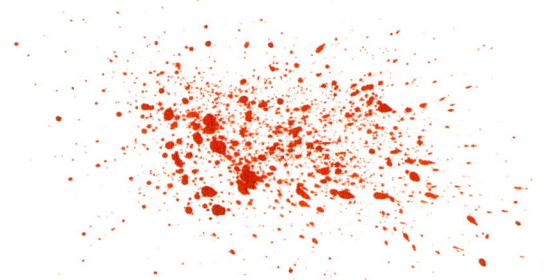

Interessante Muster entstehen, wenn du **mit der Kante eines Pappstückchens stempelst**. Du kannst auch Flaschenkorken ausprobieren. Es gibt noch sehr viele andere Möglichkeiten – aber das soll hier genügen.

Und jetzt du!
Es ist wieder der Blumenstrauß. Aber nun habe ich ihn mit einem Schwamm getupft und die Stiele mit einem Stück Pappe gestempelt.
Arbeite ihn nach, wenn du Lust hast – oder entwerfe einen eigenen Blumenstrauß.

Hier noch etwas ganz Wichtiges:
Weiß ist eine sehr bedeutende Farbe beim Malen mit Wasserfarben – aber das wirst du im Laufe dieses Buches noch erfahren. Die beiden folgenden Beispiele zeigen dir wie unterschiedlich das Ergebnis ist, wenn man …

… mit **Weiß über eine Farbe** malt …

… oder die **Farbe über das Weiß** setzt.

Alles über Farben

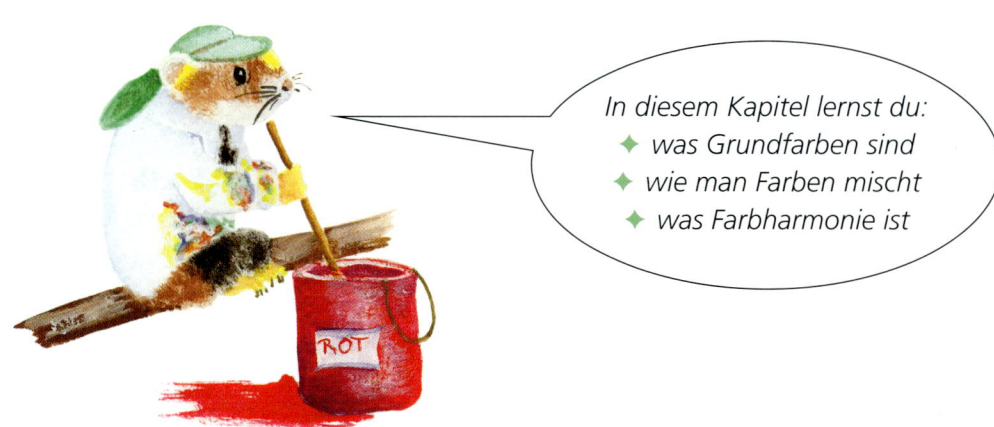

In diesem Kapitel lernst du:
- ✦ was Grundfarben sind
- ✦ wie man Farben mischt
- ✦ was Farbharmonie ist

Welche Farben kennst du? Zähl sie auf: Rot, Grün, Gelb, Blau, Lila, Orange usw.

Nun stell dir vor, du hast nur **drei Farben** und sollst aus ihnen alle anderen Farben mischen!
Du sagst, das geht nicht?
Pass auf, der kleine Hamster zeigt es dir! Er hat drei Farbtöpfe mit Rot, Blau und Gelb.

Zuerst nimmt er einen Topf, der halbvoll mit gelber Farbe ist. In diesen gießt er aus einem zweiten Topf rote Farbe. Was passiert? In dem ersten Topf ist jetzt eine neue Farbe:
Orange!

Nun ist er neugierig geworden. Wieder nimmt er einen Topf, der halbvoll ist mit gelber Farbe.
In diesen gießt er nun Blau – und es entsteht eine neue Farbe:
Grün!

Dann mischt er noch Blau und Rot, und es entsteht **Lila!**

Und jetzt du!
Probier es aus! Gib in den Deckel deines Farbkastens gelbe Farbe, spül den Pinsel mit Wasser aus, bevor du nun Rot nimmst und dieses mit der gelben Farbe verrührst. Versuche dasselbe auch mit Gelb und Blau – und anschließend mit Rot und Blau.

Es gibt also tatsächlich drei Farben (Rot, Blau und Gelb), aus denen sich alle anderen Farben mischen lassen.

Aber aus welchen Farben mischt man Rot, Blau oder Gelb?
Fällt dir hier nichts ein? Macht nichts! Diese Farben kann man nämlich gar nicht aus anderen Farben mischen – und deshalb nennt man sie auch **Grundfarben**.

Du weißt jetzt, dass aus den beiden Grundfarben Gelb und Blau Grün entsteht. Sieh dir die verschiedenen Grüntöne an:

mehr Gelb   mehr Blau

Je mehr Gelb in die Mischung gegeben wird, desto heller wird das Grün; nimmt man mehr Blau, wird es dunkler.

Und jetzt du!
Mische so viele Orange- und Lilatöne wie möglich. Versuche anschließend, auch mal Grün und Rot zu mischen. Gib dann noch etwas Gelb hinzu und beobachte, welche Farbe entsteht.

Wenn du ein bisschen übst, wirst du bald mit so vielen Farben malen können, wie dir kein Farbkasten bieten kann.
Ich habe die Bilder in diesem Buch mit einem Farbkasten gemalt, in dem sich 24 Farbtöpfchen befinden. Falls du nur einen kleinen Farbkasten hast, wirst du einige Farben nicht finden, die ich nenne. Wenn du geübt hast, wie man Farben mischt, ist das aber kein Problem!

Was ist „Farbharmonie"?

Du hast sicher schon viele farbige Bilder gemalt und dabei festgestellt, dass manche Farben gut zusammenpassen, andere dagegen überhaupt nicht. Auch unser Hamster hat diese Erfahrung gemacht. Im Sonderangebot hat er sich neue T-Shirts gekauft, in verschiedenen Farben mit roten Punkten. Aber nachdem er sie gewaschen und zum Trocknen auf die Leine gehängt hat, muss er feststellen, dass nicht alle T-Shirts gleich schön sind.

Du darfst nun raten, welches T-Shirt ihm am besten gefällt. Und, was denkst du? Es ist das grüne mit den roten Punkten.

> Es gibt also Farben, die besonders gut zusammenpassen, wie z. B. Rot und Grün, Blau und Orange und Gelb und Lila

Alles, was du auf den letzten Seiten über Farben gelernt hast, kann man an einem Kreis, dem so genannten Farbkreis zeigen:

Die Farben, die sich auf dem Kreis genau gegenüberliegen, nennt man **Komplementärfarben** – ein schwieriges Wort, das nichts anderes bedeutet, als dass diese Farben besonders gut zusammenpassen; sie **harmonieren** miteinander.

Und jetzt weißt du auch, warum rote Mohnblumen in einer grünen Wiese so besonders schön leuchten.

Und jetzt du!
Male grüne, rote, orangefarbene, lilafarbene und gelbe T-Shirts mit blauen Punkten. Und dann probiere aus, auf welcher Farbe **gelbe** Punkte am besten aussehen.

Du hast bestimmt schon mal einen Regenbogen gesehen. Der kleine Hamster malt gerade einen. Fällt dir etwas auf? Alle Farben des Farbkreises sind in einem Regenbogen!

Vielleicht hast du jetzt Lust bekommen, auch einen Regenbogen zu malen!

Ohne Zeichnen geht es nicht

In diesem Kapitel lernst du, was Grundformen sind und wie man sie für eine Vorzeichnung einsetzen kann.

Zuerst nimmst du einen langen, schmalen Karton: Da guckt er oben heraus!

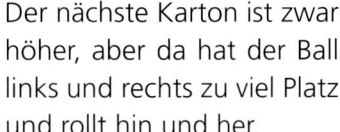

Der nächste Karton ist zwar höher, aber da hat der Ball links und rechts zu viel Platz und rollt hin und her.

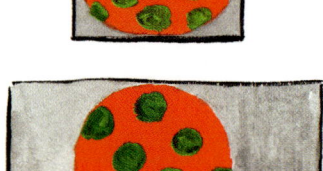

Wenn dir die Bilder in diesem Buch gefallen, möchtest du sie sicher nachmalen. Aber dann wirst du auch ein bisschen zeichnen müssen.

Vor jedem Bild findest du eine „Kleine Zeichenschule". Dort werde ich dir zeigen, wie man – beginnend mit den **Grundformen** – die Vorzeichnung anlegt.

Weißt du, was **Grundformen** sind? Wenn nicht, dann erkläre ich es dir jetzt:

Stell dir vor, du möchtest einen Ball verschenken und suchst einen passenden Karton.

Der letzte Karton passt. Alle vier Seiten sind gleich lang. Diese Form nennt man **quadratisch**. Damit hast du die erste **Grundform** kennen gelernt.

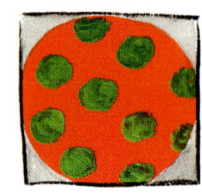

Aber es gibt noch mehr Grundformen, und die siehst du hier:

Alles, was du siehst oder malen möchtest, passt in eine oder mehrere dieser Grundformen!

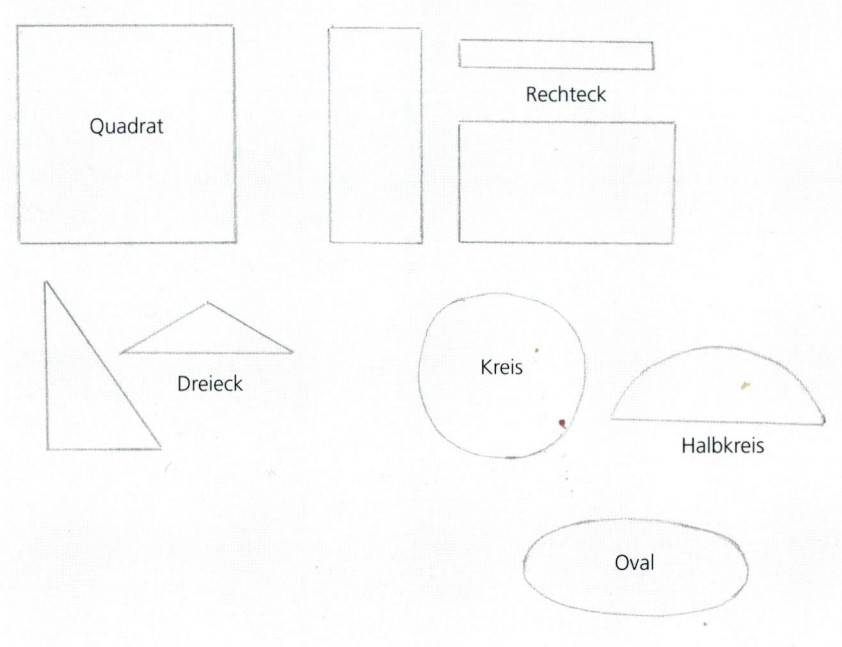

Quadrat

Rechteck

Dreieck

Kreis

Halbkreis

Oval

Und jetzt du!
Suche die Grundform für eine Kerze, für einen Apfel, für ein Glas und für einen Tisch.

Licht und Schatten

In diesem Kapitel lernst du:
✦ warum Licht und Schatten so wichtig sind.
✦ wie mit stark verdünnter Farbe (Lasur) Licht und Schatten gemalt werden.
✦ wie man Schatten auf eine Fläche malt, die vorher mit Deckweiß getönt wurde.
✦ wie man mit Deckweiß Licht auf eine vorher gemalte Farbfläche setzt.

Die Grundformen helfen dir, etwas richtig zu zeichnen. Genau so wichtig ist jedoch auch, dass alles, was du siehst, zeichnest und malst, **Licht und Schatten** hat.
Sieh dir folgendes Beispiel an:
Der kleine Hamster baut einen Schneemann. Dabei beginnt er mit einem großen Schneeball. Dass es ein runder Ball ist und keine Scheibe, kannst du nur dann erkennen, wenn sich im unteren Teil und an den Seiten Schatten befinden.

Schatten

Der Schneemann ist fertig – aber glücklich sieht der kleine Hamster nicht aus! Er hat sich so viel Mühe gegeben, und es ist ein so schöner Schneemann geworden … Aber man sieht ihn kaum!

Das ist schon besser! Der kleine Hamster hat eine Kerze angezündet. Sie beleuchtet die eine Seite, und die andere liegt im Schatten.
Dieses Beispiel zeigt dir, wie wichtig **Licht und Schatten** sind; und darum ist dies eigentlich eines der wichtigsten Kapitel in diesem Buch: Du kannst nur dann erkennen, ob etwas rund oder flach ist, glatt oder rau, glänzend oder matt, wenn Licht darauf fällt und sich dadurch auch Schatten bilden. Nur dann siehst du, welche Form und auch welche Oberfläche etwas hat.
Nun muss man aber wissen, wie man Licht und Schatten **malt**, und das zeige ich dir in den nächsten drei Bildern.
Wir fangen an mit dem Schneemann!

Wir malen einen Schneemann

Gebaut hast du sicher schon einen – und weißt, dass man drei unterschiedlich große Kugeln braucht, und dass man diese aufeinander setzen muss: die große nach unten, dann die mittlere und zum Schluss die kleine für den Kopf.

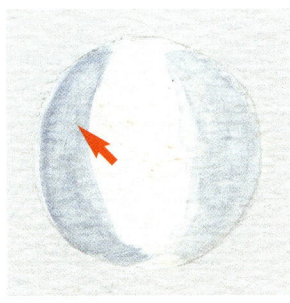

Schatten

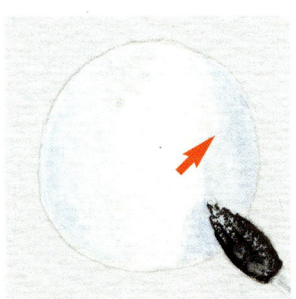

Zuerst zeichnest du drei Kugeln, die du mit Deckweiß ausmalst. Dafür nimmst du den Haarpinsel Nr. 8.
Damit man deinen Schneemann auf dem weißen Papier auch sieht, müssen wir Schatten malen.
Dafür brauchen wir eine **Lasur**. Dazu verdünnst du Ultramarinblau mit viel Wasser. Diese flüssige Farbe malst du nun dort, wo sich Schatten bilden sollen, über das getrocknete Deckweiß.

Es wird ein harter Rand entstehen, so wie du es hier siehst:

Wir brauchen jedoch einen weichen, fließenden Übergang vom Deckweiß zum Hellblau. Deshalb wäschst du zunächst den Pinsel mit Wasser aus. Dann führst du ihn immer wieder über den entstandenen Rand, so-

lange, bis das Deckweiß wieder flüssig wird und sich mit dem Hellblau verbindet.

Und wenn du dies bei allen drei Kugeln machst, müsste dein Schneemann jetzt so aussehen:

Nun setze ihm noch einen Kochtopf als Hut auf, male schwarze Punkte für die Augen, den Mund und die Knöpfe, eine Möhre für die Nase, gib ihm einen Besen – und schon ist dein erstes Bild fertig!
Vielleicht hast du ja noch Lust, den Schneemann in einen Garten zu setzen. Nur zu!

Wir malen Fliegenpilze

Diese drei Fliegenpilze gefielen mir so gut, dass ich ein Bild von ihnen gemalt habe. Und da es nicht schwierig ist, sie zu zeichnen, und du viel über Licht und Schatten lernen kannst, zeige ich dir jetzt, wie man sie malt!

Bei diesem Bild lernst du:
◆ wie man einen Hintergrund malt, indem man verschiedene Farben feucht ineinander malt und sie dadurch auf dem Papier mischt.
◆ wie man mit einem Schwamm ganz einfach einen Vordergrund gestalten kann.

Du brauchst folgendes Material:
◆ dickes Zeichen- oder Aquarellpapier
◆ Bleistift HB
◆ Haarpinsel Nr. 8 und Nr. 4, Borstenpinsel Nr. 8
◆ Schwamm oder ein Stückchen zusammengedrücktes Papier
◆ Wasserfarben in Deckweiß, Hellgelb, Dunkelgelb (oder Hellgelb + Orange), Ultramarin, Hellrot, Dunkelrot, Dunkelgrün und Umbra (oder Rotbraun + Schwarz)

Dann deutest du mit einer gewellten Linie den Boden an, aus dem sie gewachsen sind, und malst die Pilze in die Grundformen. Zum Schluss radierst du die Zeichnung der Grundformen weg.

Das Blatt liegt im **Hochformat**, das heißt: Die schmale Seite liegt vor dir.
Die Grundformen für einen Pilz sind ein Halbkreis und ein Rechteck. Beginne mit dem großen Pilz und setze dann die beiden kleinen davor.

Mit dem Haarpinsel Nr. 8 und Hellrot malst du die Köpfe der Pilze; Weiß nimmst du für die Stiele.

Nun entstehen die ersten Schatten. Dazu verdünnst du Dunkelrot mit Wasser zu einer **Lasur**.
Diese trägst du auf die roten Pilzköpfen auf. Achte darauf, dass keine harten Ränder entstehen.

Für die Schatten in den Stielen nimmst du Umbra.

Schatten

Schatten

Für den Hintergrund mischst du einen hellen Grünton aus Dunkelgrün und Ockergelb.

Oben links in der Ecke fängst du an, die Mischung mit einem Borstenpinsel aufzutragen. Solange die Farbe noch feucht ist, malst du immer wieder mit Dunkelgelb hinein. Je nachdem, wieviel Gelb du im Pinsel hast, entstehen unterschiedlich helle Grüntöne, da sich die Farben auf dem Papier vermischen.

Probier es aus. Es ist gar nicht schwer und macht Spaß!

Wenn du mit dem Hintergrund fertig bist, wendest du dich noch einmal den Pilzen zu. Mit einer Lasur aus Ultramarinblau färbst du die Schatten dunkler, bevor du mit Deckweiß die hellsten Stellen tönst.

Im letzten Schritt tupfst du mit dem Borstenpinsel und Deckweiß die Punkte. Sie dürfen ruhig ein bisschen unordentlich aussehen. Für den Vordergrund nimmst du den Schwamm oder ein Stück zerknittertes Papier. Zuerst tupfst du Dunkelgrün auf, lässt es trocknen, dann Hellgelb und lässt es wieder trocknen. Zuletzt kommt Deckweiß.

Jetzt sind die Fliegenpilze fertig! Bist du zufrieden mit deinem Bild? Dann gehen wir gleich weiter zum nächsten!

Wir malen Fesselballons

Sicher hast du schon oft einen Fesselballon am Himmel gesehen. Auf diesem Bild siehst du gleich mehrere – zum Teil ganz nah, andere sind weiter weg.
Um die großen runden Formen dieser Ballons zu zeigen, brauchen wir wieder Licht und Schatten.
Hast du Lust, dieses Bild zu malen?

Dann brauchst du folgendes Material:
- dickes Zeichen- oder Aquarellpapier
- Bleistift HB
- Haarpinsel Nr. 8 und Nr. 4
- Borstenpinsel Nr. 8 oder 6
- Wasserfarben in Gelb, Orange, Ockergelb, Ultramarin, Gelbgrün, Blaugrün, Zinnoberrot, Karminrot, Weiß und Schwarz

Das Blatt liegt im **Querformat** vor dir, das heißt die breite Seite liegt vor dir.
Du beginnst deine Vorzeichnung mit diesen Formen:

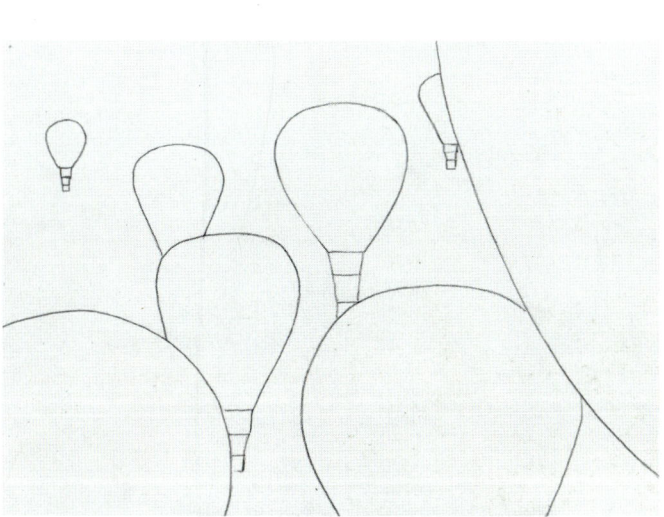

Dann zeige ich dir an einem Ballon, wie es weitergeht: Zunächst werden die senkrechten Linien gezogen und dann erst die waagerechten – sie sind gebogen.

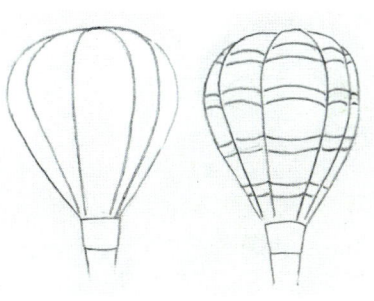

Das ist die fertige Vorzeichnung! Du kannst auch andere Muster in die Ballons zeichnen.

Jetzt malen wir das Bild farbig! Am besten beginnst du mit dem Himmel, dann brauchst du nicht auf saubere Ränder zu achten. Trage eine Mischung aus Ultramarinblau und Weiß mit dem Borstenpinsel Nr. 8 auf und führe den Pinsel waagerecht über das Papier. Erst wenn der Himmel getrocknet ist, malst du die bunten Ballons.

Falsch

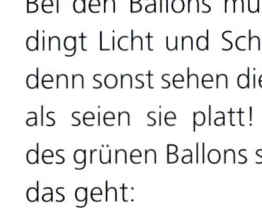

Richtig

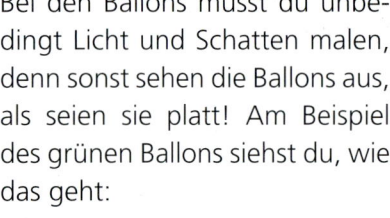

Bei den Ballons musst du unbedingt Licht und Schatten malen, denn sonst sehen die Ballons aus, als seien sie platt! Am Beispiel des grünen Ballons siehst du, wie das geht:

Mit Deckweiß malst du die Stellen, auf denen das Licht liegt, hell. Es sollten weiche, fließende Übergänge von der weißen zur grünen Farbe entstehen, so wie du es auf diesem Bild siehst.
Wenn es so aussieht wie auf diesem Bild, übermalst du das Weiß noch einmal mit klarem Wasser. Dadurch schwächt sich die Farbe etwas ab, und sie verteilt sich auch besser. Die harten Ränder lösen sich auf.
Nun werden die Schatten gemalt. In die Vertiefungen gelangt nicht so viel Licht wie auf die Rundungen. Deshalb ist hier Schatten. Als Beispiel zeige ich dir wieder den grünen Ballon:

Du nimmst stark mit Wasser verdünntes Hellrot und trägst die Lasur jeweils in die Vertiefungen auf. Das sind die Bereiche des Ballons, die am wenigsten von der Luft aufgeblasen werden.

Und weil man Schatten nicht mit Grau oder Schwarz malt, zeige ich dir jetzt, welche Farben du für die Schatten in diesem Bild nehmen musst:
Ist der Ballon blau oder grün, malst du den Schatten mit rot:

Ultramarinblau   Zinnoberrot

Dunkelgrün   Zinnoberrot

Ein roter Ballon bekommt blaue Schatten:
Die Schattenfarbe für Gelb oder Orange ist ebenfalls blau:

Zinnoberrot   Ultramarinblau

Gelb   Ultramarinblau

Orange   Ultramarinblau

Und so sieht das Bild aus, wenn es fertig ist!

Landschaften

In diesem Kapitel lernst du:
- ◆ was für eine Landschaft wichtig ist.
- ◆ wie man die einzelnen Bestandteile einer Landschaft malt.

Himmel

Bevor wir damit beginnen, „Landschaftsbilder" mit Wasserfarben zu malen, überlegen wir, was zu einer Landschaft gehört. Sofort fällt dir sicher der **Himmel** ein. Er ist fast immer auf einem Landschaftsbild zu sehen und bestimmt, ob das Wetter schön oder schlecht ist, ob es Morgen oder Abend, Sommer oder Winter ist.

Dies kann ich dir nicht alles zeigen – dafür reicht der Platz in diesem Buch nicht – aber ein bisschen Himmel sollten wir schon malen. Am besten malst du gleich mit!

Unser erstes Beispiel ist ein wolkenloser **Sommerhimmel**. Das ist nicht schwer!
Mische Ultramarinblau und Weiß und benutze einen Borstenpinsel Nr. 8. Male mit waagerechten Pinselstrichen. Je weiter du zum Ende des Blattes kommst, desto mehr Weiß gibst du in deine Mischung.

Du vermischst das Blau zusätzlich noch etwas Violett – damit die Farbe kälter wirkt.
In meinem Sommerhimmel sind **Wolken** entstanden. Das geht ganz einfach:

Als Nächstes malen wir einen wolkenlosen **Winterhimmel**. Erkennst du den Unterschied?

Mit einem Borstenpinsel malst du Deckweiß auf die trockene Himmelsfarbe.

Ein **Sonnenuntergang**! Über das getrocknete Blau des Himmels wird zunächst eine gelbe, dann eine rote Lasur gemalt.

Wenn du die Lasur mit dem Haarpinsel aufträgst, darfst du nicht zu fest auf den Pinsel drücken, sonst passiert

dir dasselbe wie mir in diesem Bild: Die unteren Farbschichten werden wieder flüssig, und es entstehen Löcher und Ränder.

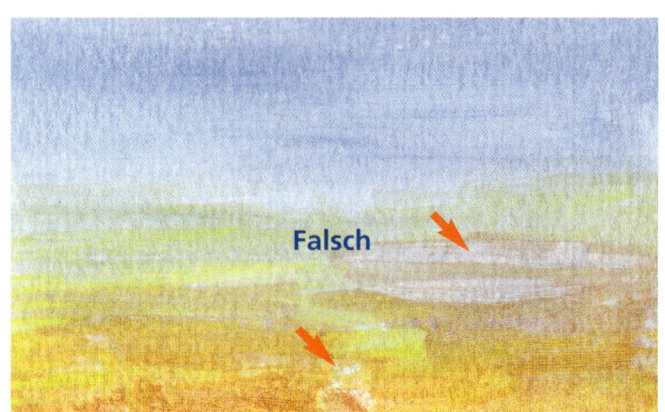

In unserem letzten Beispiel zeige ich dir in zwei Schritten, wie **Gewitterwolken** entstehen.

Über unseren wolkenlosen Sommerhimmel malst du mit dem Borstenpinsel und Umbra dicke, dunkle Wolkenberge.

In diesen teilweise noch feuchten Farbauftrag malst du dann Flecken mit Ockergelb, Grau und Weiß, so wie du es auf dem Bild siehst.

Genauso lassen sich auch Regen- oder Sturmwolken malen.

Fällt dir zu einem dieser Himmel ein Bild ein? Dann male es, denn das ist eine gute Übung!

Zu einem richtigen Landschaftsbild gehört jedoch noch viel mehr!

Bist du jetzt neugierig geworden?

Bäume

Bei diesen Bildern lernst du:
✦ *wie man mit Hilfe der Grundformen Bäume zeichnet.*
✦ *wie man Laubbäume mit dem Schwamm, einem Stückchen Papier oder dem Borstenpinsel malt.*

Wenn du Bäume malen möchtest, musst du wissen, wie sie gewachsen sind – und das sieht man am besten im **Winter**, wenn sie kein Laub tragen.

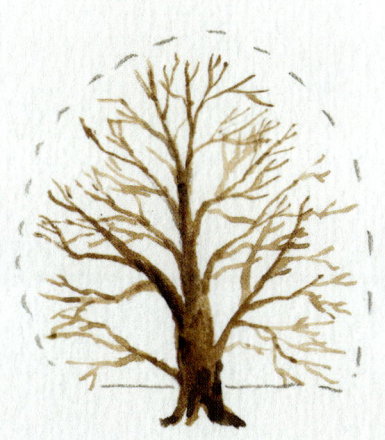

Die Birke ist lang und schmal, deshalb ist ihre Grundform ein Oval.

Die Buche ist gleichmäßig breit. Ihre Grundform ist ein Halbkreis.

Die Eiche ist unten viel breiter als oben – sie passt in ein Dreieck.

Die breiteste Stelle des Stammes ist dort, wo er aus der Erde wächst. Dasselbe gilt auch für die Äste. Besonders dick sind sie dort, wo sie aus dem Stamm wachsen. Das ist bei allen Baumarten so!

Nun möchtest du einen **Baum im Sommer** malen, wenn er voller Laub ist – aber es ist dir zu mühsam jedes einzelne Blatt zu malen?
Recht hast du!
An einem Beispiel zeige ich dir drei unterschiedliche Techniken, wie man einen belaubten Baum ganz einfach malen kann. Voraussetzung ist natürlich, dass du weißt, wie der Baum gewachsen ist.

Ich habe einen Baum ausgesucht, dessen Grundform ein Kreis ist.

Hier habe ich das Laub mit einem **Schwamm** getupft. Zuerst Hellgrün und, nachdem die Farbe getrocknet ist, Dunkelgrün und zum Schluss Blaugrün und Weiß. Die kleinen Äste und der Stamm wurden mit einem Haarpinsel gemalt.

Wenn du keinen Schwamm hast, kannst du auch ein zusammengedrücktes Stückchen **Papier** nehmen. Auf diese Weise wirkt die aufgetupfte Farbe etwas dunkler und dichter.

Im letzten Beispiel habe ich mit einem **Borstenpinsel** getupft. Die Reihenfolge der Farben ist dieselbe wie bei den beiden anderen Beispielen.

Jetzt kennst du drei verschiedene Techniken, wie Bäume gemalt werden können, und kannst dir die Technik aussuchen, die dir am besten gefällt.
Wir kommen noch einmal zurück auf unsere drei Bäume vom Anfang: Birke, Buche und Eiche.
Da wir sie schon im Winter gemalt haben, wissen wir genau, wie sie gewachsen sind, und können damit beginnen, ihr Laub zu malen.

Nun zeigt sich, wie wichtig es ist, die verschiedenen Maltechniken zu kennen, denn das Laub der **Birke** wirkt viel feiner als das der Buche oder der Eiche. Deshalb nimmst du für die Birke den Borstenpinsel, weil hiermit die Tupfen viel feiner werden.

Grün, Siena gebrannt und Ockergelb auf. Zum Schluss wird noch dort, wo Licht durch die Blätter scheinen soll, mit dem Borstenpinsel Weiß getupft.

Zum Schluss malen wir noch eine **Tanne**. Sie entsteht aus einem Dreieck.

Für das Laub der **Buche** verwendest du zunächst den Schwamm. Die dunkelsten Schatten (Blaugrün) und die hellsten Lichter (Weiß) tupfst du dann mit dem Borstenpinsel.

Mit Dunkelgrün malst du die Äste. Hierzu benutzt du einen Haarpinsel.

Auch die Äste passen in ein Dreieck, denn zum Stamm hin werden die grünen Nadeln immer länger gemalt.

Dunkelgrün gemischt mit Ultramarinblau ist die Farbe für die dunkelsten Schatten.

Die **Eiche** zeige ich dir im Herbst, wenn sich ihr Laub verfärbt hat. Mit dem Schwamm tupfst du nacheinander

Wir malen einen blühenden Kirschbaum

Bei diesem Bild lernst du:
✦ *wie man einen Baum im Frühling malt.*
✦ *wie man eine Grasfläche mit dem Borstenpinsel malt.*

Du brauchst folgendes Material:
✦ dickes Zeichen- oder Aquarellpapier
✦ Bleistift HB
✦ Borstenpinsel Nr. 4 und Nr. 8
✦ Haarpinsel Nr. 2 und Nr. 6
✦ Wasserfarben in Weiß, Schwarz und Zitronengelb, Orange, Ockergelb, Ultramarinblau, Dunkelgrün und Umbra (oder Schwarz + Rotbraun)

Wenn du die Bäume der letzten Seiten fleißig geübt hast, dürfte es dir jetzt nicht mehr schwer fallen, diesen blühenden Kirschbaum nachzumalen.

Die Vorzeichnung ist nicht schwer. An den Baumstamm zeichnest du nur die dicksten Äste.

Für den Himmel mischst du Ultramarinblau und Weiß. Mit dem Borstenpinsel Nr. 8 trägst du diese Farbe mit waagerechten Pinselstrichen auf. Je weiter du in Richtung Grasfläche malst, desto mehr Weiß gibst du in deine Mischung.
Wenn der Himmel nach dem Trocknen fleckig aussieht, übermalst du ihn noch einmal mit klarem Wasser. Lasse ihn anschließend wieder trocknen! Den Baum malst du mit Umbra. Benutze einen Haarpinsel Nr. 6.

Für die Wiese brauchst du eine Mischung aus Dunkelgrün und Zitronengelb. Benutze wieder den Borstenpinsel und male mit kurzen, senkrechten Strichen. Dabei solltest du möglichst wenig Druck auf den Pinsel ausüben, damit ein unregelmäßiger Farbauftrag entsteht, so wie du es auf der Vergrößerung siehst.

In diesem Schritt entstehen zunächst die Kirschblüten. Tupfe Deckweiß mit einem Borstenpinsel Nr. 4 auch teilweise über die braunen Äste.

Für die Schatten in der Wiese unter dem Baum brauchst du eine Mischung aus Dunkelgrün und Ultramarinblau. Benutze auch hier wieder den Borstenpinsel und trage die Farbe genau so auf, wie ich es dir im ersten Schritt gezeigt habe.

Mit Zitronengelb und Orange tupfst du nun die gelben Blüten in das Gras. Zum Schluss entstehen mit Umbra die kleinen Äste des Kirschbaums. Benutze dazu einen Haarpinsel Nr. 2. Wenn du möchtest, kannst du mit stark verdünntem Umbra noch Schatten in die weißen Kirschblüten tupfen.

Bist du zufrieden mit deinem Bild? Ich hoffe, es hat dir so viel Spaß gemacht, dass du noch mehr Bäume malen möchtest. Wenn du fleißig geübt hast, weißt du jetzt, wie es geht. Und du könntest sicher ohne meine Hilfe zum Beispiel einen Herbstbaum malen oder einen Apfelbaum!

Wasser

In diesem Kapitel lernst du:
✦ wie eine glatte Wasseroberfläche gemalt wird.
✦ wie mit Deckweiß Wellen in deinem
Bild entstehen.

Auch das Wasser gehört in das große Kapitel über Landschaften, denn es kommt überall in der Landschaft vor. Um Wasser zu malen, gehen wir am besten ans Meer! Warst du schon einmal im Urlaub am Meer? Dann ist dir sicher auch aufgefallen, dass das Meer sehr unterschiedlich aussehen kann: Morgens hat es eine andere Farbe als abends; geht ein leichter Wind, bewegt es sich; kommt ein Sturm auf, entstehen Wellen. Wenn du wissen möchtest, wie man so etwas malt, hol dir Papier und deine Wasserfarben und male gleich mit; denn auf dieser und der nächsten Seite zeige ich dir vier Bilder, auf denen das Meer zu sehen ist, aber es sieht jedes Mal anders aus. Wie man den Himmel in allen vier Bildern malt, brauche ich dir nicht mehr zu erklären, denn wenn du bisher fleißig mitgemalt hast, weißt du, wie man es macht. Falls du es vergessen hast, sieh auf Seite 23 nach – dort findest du die Beschreibung.

In unserem ersten Bild ist das Wasser ganz **glatt und ruhig**. Es wird genauso gemalt, wie der Himmel, nur die Farbe ist anders:
Mische Ultramarinblau, Dunkelgrün und etwas Weiß und trage diese Mischung mit einem Borstenpinsel mit

waagerechten Pinselstrichen auf. Je weiter du in Richtung Himmel malst, desto mehr Weiß gibst du in deine Mischung.

In diesem Bild ist ein **leichter Wind** aufgekommen – das Wasser bewegt sich, und **kleine Wellen** sind entstanden. Dieses Bild wird zunächst genauso gemalt wie das erste. Aber nachdem die Farbe des Wassers getrocknet ist, trägst du mit dem Borstenpinsel und mit waagerechten Pinselstrichen unverdünntes Deckweiß auf. Nun tragen die Wellen **kleine Schaumkronen**, denn der **Wind ist stärker** geworden.
Ich glaube, du weißt schon, wie man dies malt: mit unverdünntem Deckweiß und einem Borstenpinsel. Nur wird die weiße Farbe jetzt auch teilweise getupft.

Zum Schluss noch ein **Sonnenuntergang**: Wie man ihn malt, habe ich dir auf Seite 24 gezeigt. Das Wasser entsteht, wie ich es dir im ersten Bild gezeigt habe. Da sich die Farben des Sonnenuntergangs jedoch auch im Wasser spiegeln, musst du es im hinteren Bereich mit Rot und Gelb in waagerechten Strichen übermalen. Für die Spiegelung der Sonne nimmst du Deckweiß.

Nun kannst du Wasser malen, und deshalb machen wir einen Strandspaziergang.

Wir malen eine Dünenlandschaft

Es dauert auch nicht lange, und wir befinden uns mitten in den Dünen – über uns blauer Himmel, vor uns der Strand und das Meer.
Da wir den Wasserfarbkasten immer dabei haben, suchen wir uns ein windgeschütztes Plätzchen und beginnen zu malen.

Bei diesem Bild lernst du:
✦ *wie Licht und Schatten in den Dünen entstehen,*
✦ *wie Sand gemalt wird.*

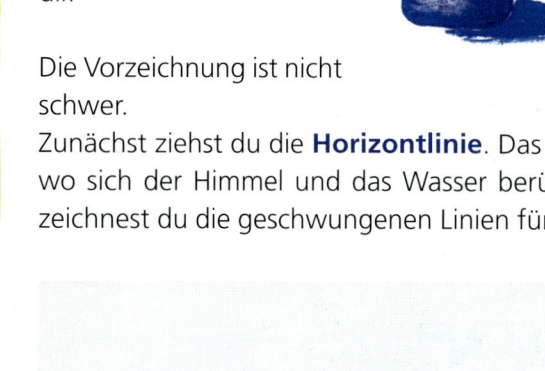

Das Blatt liegt im **Querformat** vor dir, das heißt, die längere Seite liegt vor dir.

Die Vorzeichnung ist nicht schwer.
Zunächst ziehst du die **Horizontlinie**. Das ist die Linie, wo sich der Himmel und das Wasser berühren. Dann zeichnest du die geschwungenen Linien für die Dünen,

Du brauchst folgendes Material:
✦ dickes Zeichen- oder Aquarellpapier
✦ Bleistift HB
✦ Borstenpinsel Nr. 4 und Nr. 8
✦ Haarpinsel Nr. 4 und Nr. 2
✦ Wasserfarben in Weiß, Zitronengelb, Ockergelb, Ultramarin, Dunkelgrün und Umbra (oder Schwarz + Rotbraun)

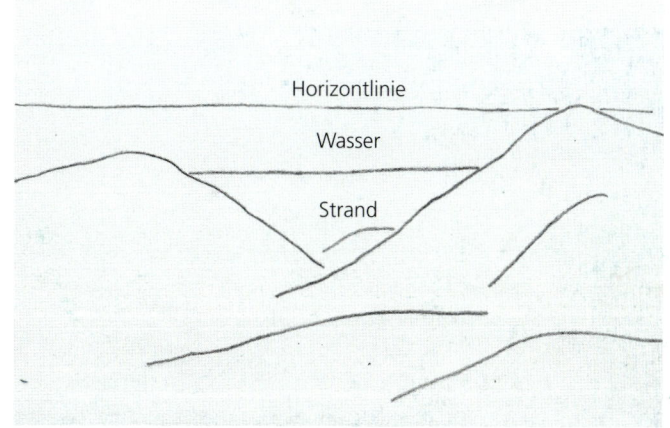

bevor du mit einer zweiten waagerechten Linie das Wasser vom Strand trennst.

Nachdem du die Vorzeichnung fertig hast, beginnst du mit dem Himmel. Trage die Mischung aus Ultramarinblau und Weiß mit dem Borstenpinsel Nr. 8 auf und mische, je weiter du in Richtung Wasser malst, immer mehr Weiß dazu.

Für das Wasser mischst du in deine Himmelsfarbe etwas Dunkelgrün. Auch diese Farbe wird wieder mit dem Borstenpinsel aufgetragen. Die Farbe für den Strand wird aus Ockergelb, etwas Umbra und viel Weiß gemischt.

Aus der gleichen Farbe wie der Strand entstehen auch die Dünen. Der unregelmäßige Farbauftrag entsteht, wenn du teilweise reines Deckweiß mit in die feuchte Farbe malst. Die bräunlichen Stellen sind mit Umbra noch einmal übermalt worden. Benutze einen Borstenpinsel Nr. 8.

Auch die Wolken über dem Meer entstehen mit dem Borstenpinsel und Deckweiß. Male sie mit kreisenden Pinselstrichen. Zum Schluss wendest du dich noch einmal dem Wasser zu und tönst es mit Deckweiß heller, weil es die Wolken spiegelt.

Die Gischt der Wellen entsteht, wenn du mit dem Borstenpinsel Deckweiß auftupfst, so wie du es auf Seite 30 gelernt hast.

Sand besteht aus vielen kleinen Körnchen, und damit unsere Dünen „echter" aussehen, spritzen wir mit dem Borstenpinsel verdünntes Umbra auf.

Aus Dunkelgrün und Zitronengelb mischst du anschließend ein helles Grün für das Gras. Benutze einen Haarpinsel Nr. 2, setze die Pinselspitze unten an und ziehe sie mit einem Schwung nach oben.

Wenn dieser Farbauftrag getrocknet ist, malst du in drei weiteren Schritten das Gras dichter. Dafür nimmst du zuerst

ein dunkles Grün,   dann Ockergelb,   dann Umbra

und zum Schluss Weiß.

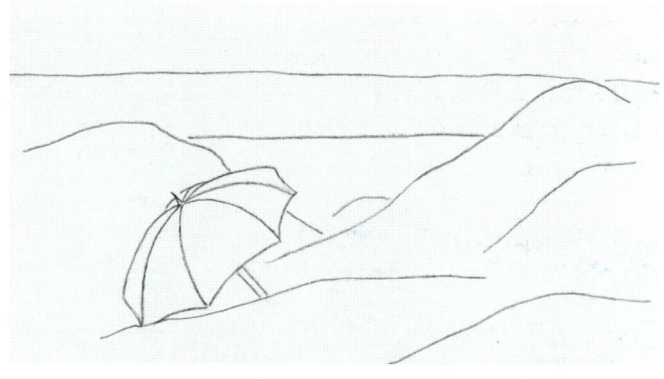

Zum Schluss malst du noch Schatten in die Dünen. Dazu brauchst du eine dunkelbraune Lasur, für die du Umbra mit Wasser verdünnst. Trage sie an den Stellen, wo die Gräser und Dünen Schatten werfen, mit dem Haarpinsel Nr. 4 auf.

Eigentlich ist das Bild jetzt fertig.

Du kannst es aber noch verändern, indem du etwas hinein malst. Das könnte z. B. ein Sonnenschirm sein. Wenn dir mein Vorschlag gefällt, lass ihn uns zusammen malen. Er entsteht aus einem Oval. Ein Strich teilt das Oval, damit später der Stiel an der richtigen Stelle sitzt. In das Oval zeichnest du den Schirm. Die Farben für den Schirm kannst du selbst wählen. Mit stark verdünntem Blau entstehen die Schatten, das Licht mit Deckweiß. Es ist dieselbe Technik wie beim Malen der Fesselballons.

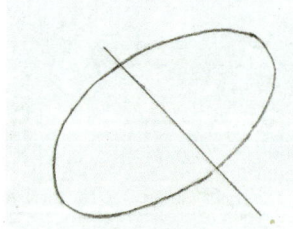
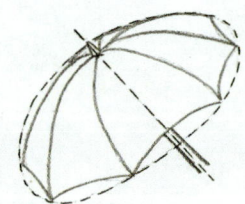

Schiffe

Wir bleiben noch etwas am Meer.
Wolltest du immer schon wissen, wie **Schiffe** gezeichnet und gemalt werden?
Ich zeige dir jetzt – mit Hilfe unserer Grundformen –, wie du jedes Schiff zeichnen kannst.
Zunächst zeichnen wir ein Schiff von der Seite. Der Schiffsrumpf passt in ein langes Rechteck.

Die gestrichelte waagerechte Mittellinie hilft dir, das niedrige Heck (hinten) und den höheren Bug (vorne) zu zeichnen.

Hier siehst du das fertige Boot. Bug und Heck sind jetzt rund und oben ist eine Öffnung entstanden.

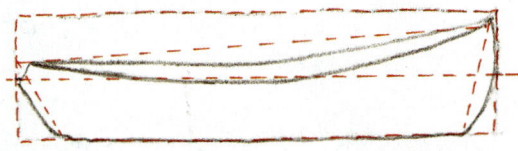

Nun zeichnest du noch eine Kajüte und einen Mast, und schon können wir in See stechen.

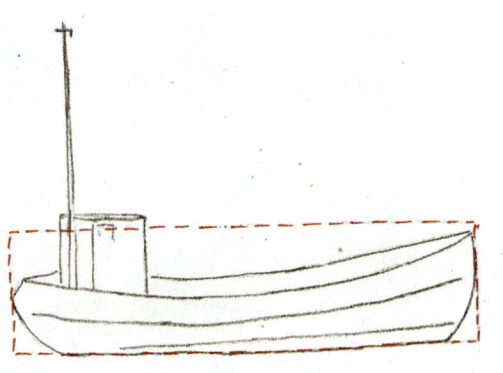

Dieses Schiff siehst du **von vorn**; es kommt auf dich zu:

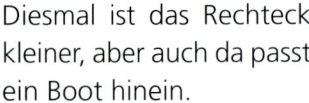

Diesmal ist das Rechteck kleiner, aber auch da passt ein Boot hinein.

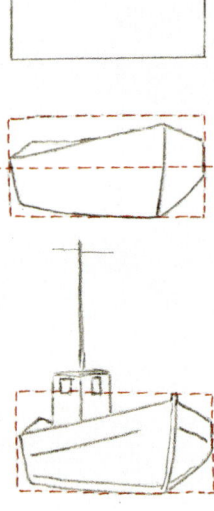

Nachdem wir diese Vorzeichnungen fertig gestellt haben, malen wir die Schiffe mit Wasserfarben. Dazu verwendest du Deckweiß, ein rötliches Braun, Dunkelgrün und Umbra. Wir malen mit einem Haarpinsel Nr. 4.
Trage die Farben so auf, wie du es in den Bildbeispielen siehst. Auch das, was auf dem Papier Weiß ist, wird mit Deckweiß übermalt.

Im zweiten Schritt arbeitest du die Schatten heraus: Über das rötliche Braun malst du eine dunkelgrüne Lasur; das Weiß dunkelst du mit stark verdünntem Umbra ab.

Wir malen Schiffe auf dem Meer

Hast du Lust, dieses Bild mit mir zu malen?

Du brauchst folgendes Material:
- ◆ dickes Zeichen- oder Aquarellpapier
- ◆ Bleistift HB
- ◆ Borstenpinsel Nr. 4 und Nr. 8
- ◆ Haarpinsel Nr. 8 und Nr. 2
- ◆ Wasserfarben in Weiß, Ockergelb, Ultramarin, Zinnoberrot, Rotbraun, Dunkelgrün, Umbra (oder Schwarz + Rotbraun) und Schwarz

Das Blatt liegt im **Querformat**, das heißt, die lange Seite liegt vor dir. Am besten beginnst du deine Vorzeichnung mit der Horizontlinie. Dann kannst du die Schiffe besser auf dem Wasser verteilen.

Da wir die Schiffe von der Seite sehen, passen sie in lange, schmale Rechtecke. Die kleinen Segelboote im Hintergrund müssen nicht ausgearbeitet werden. Zwei Dreiecke für die Segel und ein waagerechter Strich darunter für das Boot genügen.

Nun benutzen wir die Wasserfarben. Male mit dem Borstenpinsel Nr. 8.

Wie man das Wasser und den Himmel malt, brauche ich dir sicher nicht mehr zu erklären – aber die Farbmischungen zeige ich dir:

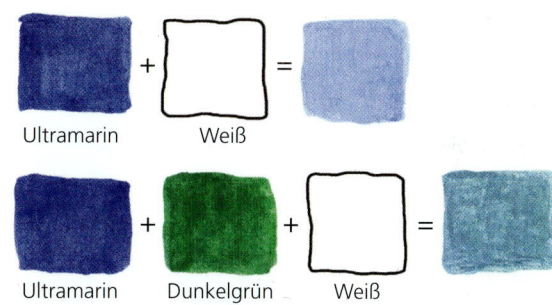

Ultramarin + Weiß =

Ultramarin + Dunkelgrün + Weiß =

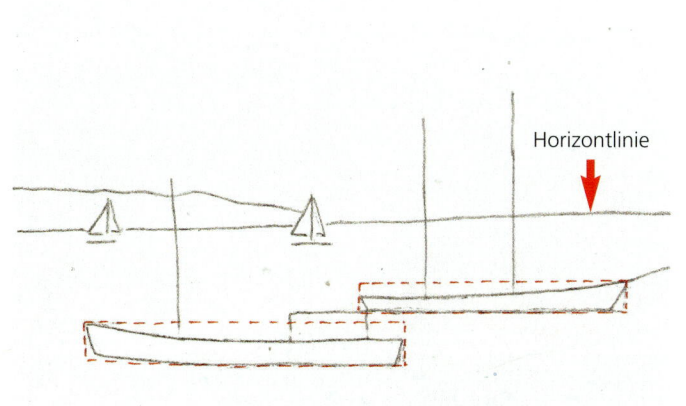

Horizontlinie

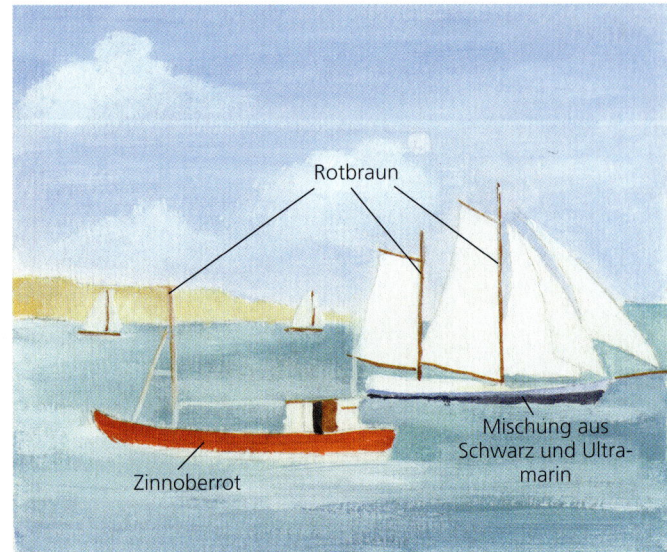

Rotbraun

Mischung aus Schwarz und Ultramarin

Zinnoberrot

In diesem Schritt arbeitest du zunächst mit Deckweiß: Es entstehen die Wolken, das Wasser wird noch einmal übermalt, und auch die großen Segel werden weiß getönt. Für die Dünen mischst du Ockergelb, Weiß und etwas Umbra.

Wenn alle Farben gut durchgetrocknet sind, malst du die Boote. Benutze dafür jetzt deine Haarpinsel. Die Farben, die du brauchst, siehst du auf dem Bildbeispiel. Für die kleinen Segelboote im Hintergrund nimmst du Weiß für die Segel und Rotbraun für Mast und Rumpf.

Im letzten Schritt entstehen die Schatten in den Segeln. Male sie mit **Lasuren** aus Ockergelb und Ultramarinblau. Falls sich harte Ränder bilden, kannst du sie mit Was-

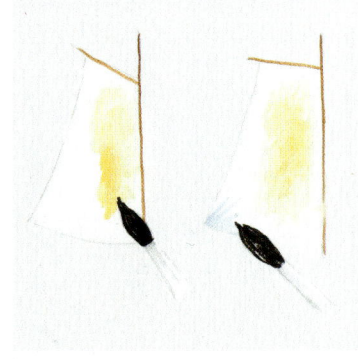

ser auflösen und vermalen. Die kleinen Fenster in den Schiffen malst du mit Schwarz. Zum Schluss tupfst du mit dem Borstenpinsel Nr. 4 Deckweiß vor den Bug und hinter das Heck der beiden großen Schiffe.

Das sind die Wellen, die sich bilden, wenn Schiffe durch das Wasser fahren.

Häuser

Nachdem wir im Wald und am Meer waren, fehlt uns noch ein wichtiger Teil der Landschaftsmalerei, nämlich wie man Häuser und Gebäude malt, und dem wenden wir uns jetzt zu.

Hier lernst du:
* *wie Häuser gezeichnet und gemalt werden.*
* *wie man Ziegelsteine, Dachpfannen und Holzwände malt.*

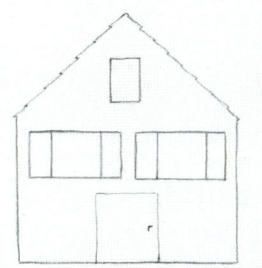

Ein Haus zu zeichnen ist nicht schwer.
Wir brauchen ein Dach, zwei Wände, Fenster und eine Tür. Das kannst du auch!

Erkennst du dieses Haus wieder? Mit Wasserfarben habe ich seine Wände grau gestrichen, sein Dach rot gefärbt und grüne Fensterläden gemalt. Das ist ganz einfach.

Nun bauen wir noch den seitlichen Teil an.

Und wenn wir an beiden Seiten anbauen und die seitlichen Teile etwas länger ziehen, sieht unser Haus wieder ganz anders aus.

Du siehst, mit den Grundformen eines Hauses kannst du ganz verschiedene Gebäude malen. Probier es selbst einmal aus.

Sieh dir dieses Bild an. Es ist dasselbe Haus. Aber nun sind seine Wände aus Ziegelsteinen gebaut – und weil es so hübsch aussieht, habe ich es in eine Landschaft gestellt. Es ist ein richtiges Bild entstanden.
Möchtest du dieses Bild malen? Ich zeige dir, wie man es macht.

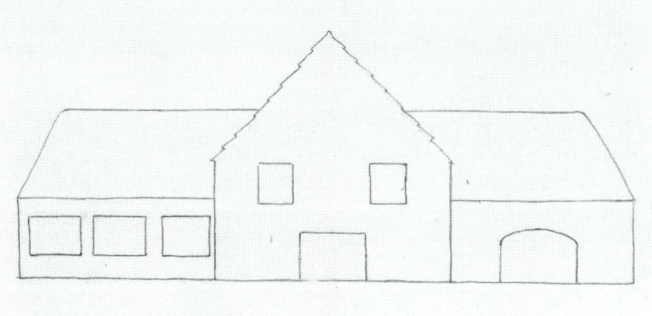

Wir malen ein Haus aus Ziegelsteinen

Du brauchst folgendes Material:
- ◆ dickes Zeichen- oder Aquarellpapier
- ◆ Bleistift HB
- ◆ Borstenpinsel Nr. 4 und Nr. 8
- ◆ Haarpinsel Nr. 2 und Nr. 4
- ◆ Schwamm
- ◆ Wasserfarben in Weiß, Gelb, Ockergelb, Zinnoberrot, Karminrot, Ultramarin, Dunkelgrün, Siena gebrannt (oder Rotbraun) und Umbra (oder Schwarz + Rotbraun)

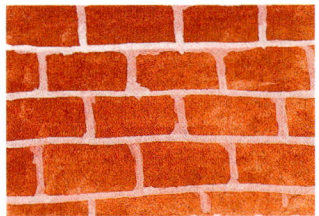 

getrocknet sind, übermalst du die gesamte Fläche mit klarem Wasser. Dadurch werden die Linien unschärfer und wirken natürlicher.

Nachdem du die Ziegelsteine gemalt hast, tupfst du die Bäume mit dem Schwamm und arbeitest sie weiter aus. Wenn du nicht mehr weißt, wie man es macht, sieh auf Seite 26 nach, dort habe ich es erklärt.

Die kleinen Büsche im Hintergrund werden mit dem Borstenpinsel Nr. 4 getupft. Benutze zuerst Dunkelgrün und tupfe, nachdem diese Farbe getrocknet ist, Gelb für das Licht auf.

Das Blatt liegt im **Querformat**. Beginne die Vorzeichnung mit einem Dreieck für das spitze Dach. Die einzelnen Äste der Bäume brauchst du nicht einzuzeichnen; die äußere Form genügt.

Die Sonnenblumen malst du mit einem Haarpinsel Nr. 4.

Mit einem Borstenpinsel werden die bunten Blumen vor dem Haus getupft.

Male dein Bild so, wie du es auf dem Beispiel siehst. Benutze für die großen Flächen einen Borstenpinsel Nr. 8, für die Fensterläden einen Haarpinsel Nr. 4 und für die Fensterrahmen einen Haarpinsel Nr. 2.

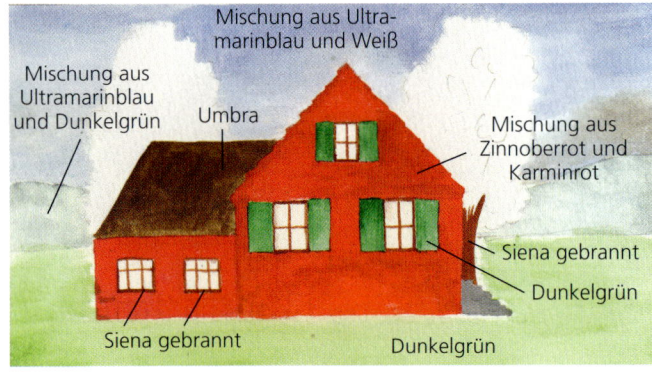

Mischung aus Ultramarinblau und Weiß
Mischung aus Ultramarinblau und Dunkelgrün
Umbra
Mischung aus Zinnoberrot und Karminrot
Siena gebrannt
Dunkelgrün
Siena gebrannt
Dunkelgrün

In der Vergrößerung zeige ich dir jetzt, wie du die Ziegelsteine malst: Benutze einen Haarpinsel Nr. 2 und ziehe mit Deckweiß feine, weiße Linien. Wenn die Linien

Die Fensterscheiben übermalst du mit einer Lasur aus Ultramarinblau.

Zum Schluss wird die Wiese im Vordergrund mit einer Mischung aus Dunkelgrün und Umbra etwas dunkler getönt. Und hier ist das fertige Bild!

Dein erstes Bild mit einem Haus ist dir sicher gut gelungen. Aber ich habe noch eins für dich. Hast du Lust es zu malen?

Auch dieses Haus kennst du. Ich habe ein Fachwerkhaus daraus gemacht. So nennt man die Häuser, die ein Muster aus dunklen Holzbalken haben. Und nun sieht es aus wie ein Bauernhaus.

Dieses Haus kannst du jetzt ohne Hilfe malen. Aber ich gebe dir einen Tipp:

Zunächst werden die Hauswände mit Deckweiß getönt. Wenn diese Farbe getrocknet ist, malst du mit Dunkelbraun die Balken darüber. Das ist wesentlich einfacher und sauberer, als wenn du zwischen die gemalten Balken Deckweiß setzt.

Wie das Dach gemalt wird, zeige ich dir jetzt. Die Malweise ist ähnlich wie bei den Ziegelsteinen. Mit einer Mischung aus Zinnoberrot und Umbra gebrannt wird zunächst das ganze Dach getönt.

Mit Umbra gebrannt malst du die dunklen Linien. Benutze den Haarpinsel Nr. 2.

Anschließend wird wieder die gesamte Fläche mit klarem Wasser übermalt.

Nun kannst du dir für dieses Haus noch eine Landschaft ausdenken, vielleicht Berge im Hintergrund oder Bäume daneben, einen Himmel mit Wolken darüber. Dann hast du ein schönes Bild gemalt.

Wenn du jetzt noch nicht weißt, in welcher Landschaft dieses Bauernhaus am besten stehen könnte, lege dieses Bild vorläufig an die Seite und male einfach die nächsten Bilder mit mir; denn dort geht es um Häuser in ihren typischen Landschaften.

Wir malen ein Bauernhaus

Wenn dir dieses Bild gefällt, dann wollen wir es zusammen malen.

Das Blatt liegt im **Querformat**. Mit dem Bleistift zeichnest du zunächst die beiden Häuser, bevor du dann die äußere Form der Bäume andeutest.

Zum Schluss ziehst du die restlichen Linien, die du für die Landschaft brauchst.

Wenn du das Buch bis jetzt durchgearbeitet hast, kannst du dieses Bild ohne meine Hilfe malen. Denn

alles, was du in diesem Motiv siehst, hast du in diesem Abschnitt über Landschaften schon gemalt.

Denk daran, dass die Wiese mit dem Borstenpinsel gemalt wird und arbeite mit kurzen, senkrechten Strichen.

Mischung aus Ultramarinblau und Weiß

Umbra gebrannt

Zitronengelb

Deckweiß   Deckweiß

Mischung aus Dunkelgrün und Ockergelb

Für die Bäume nimmst du die Grünmischung der Wiese und tupfst diese Farbe mit dem Schwamm auf. Die dunklen Tannen im Hintergrund malst du mit einer dunkelgrünen Mischung aus Dunkelgrün und Umbra gebrannt. Mit dieser Farbe überarbeitest du auch die Wiese und die beiden Bäume noch einmal.

malen: Benutze Umbra gebrannt und einen Haarpinsel Nr. 2. Die Baumstämme davor und die kleinen Äste werden auch mit Umbra gebrannt gemalt.

Licht und Schatten entsteht in den Bäumen durch aufgetupftes Dunkelgrün und Weiß. Nimm dazu den Borstenpinsel. In die Wiese werden gelbe Blumen mit dem Borstenpinsel getupft, und das Gras wird auch noch einmal mit Weiß überarbeitet.

Die beiden Häuser zeige ich dir in der Vergrößerung, dann ist es leichter für dich, das Fachwerkmuster zu

Und jetzt ist das Bild fertig!

Wir malen Häuser in den Bergen

Unser nächstes Bild führt uns in die Berge. Die Häuser, die dort gebaut werden, haben breite, flache Dächer, und die Hauswände bestehen oft aus Holz. Aber sieh selbst!

Du brauchst folgendes Material:
- dickes Zeichen- oder Aquarellpapier
- Bleistift HB
- Borstenpinsel Nr. 4 und Nr. 8
- Haarpinsel Nr. 2 und Nr. 4
- Schwamm
- Wasserfarben in Weiß, Zitronengelb, Ockergelb, Ultramarin, Dunkelgrün, Siena gebrannt (oder Rotbraun), Umbra (oder Rotbraun + Schwarz) und Schwarz

Mischung aus Ultramarinblau und Weiß

Mischung aus Dunkelgrün und Ockergelb

Jetzt arbeitest du die Berge mit unterschiedlich hellen Grautönen weiter aus. Male die Farben feucht ineinander. Für die Bäume und Büsche tupfst du mit dem Schwamm eine Mischung aus Dunkelgrün und Ockergelb auf.

Das Blatt liegt im **Hochformat**, das heißt: Die schmale Seite liegt vor dir. Am besten beginnst du mit den beiden großen Häusern und zeichnest erst dann die Landschaft um sie herum. So sollte deine Vorzeichnung aussehen, wenn sie fertig ist:

Mit einem Borstenpinsel Nr. 8 malst du zuerst den Himmel. Anschließend tönst du die dunkelsten Stellen der Berge mit Dunkelgrau (Mischung aus Schwarz und Weiß). Wenn du etwas mehr Weiß in die Mischung gibst, bekommst du die Farbe für die Hausdächer. Aus Dunkelgrün, Ockergelb und etwas Zitronengelb entsteht das helle Grün, mit dem die Wiesen gemalt werden.

Anschließend färbst du den unteren Teil des Hauses mit Deckweiß und tupfst mit dem Schwamm oder Borstenpinsel Schatten in dunklen Farbtönen in die Büsche und Bäume.

Die Fenster bekommen einen Rahmen aus Umbra, gemalt mit dem Haarpinsel Nr. 2.

Auf den Hausdächern sind feine braune Linien. Du ziehst sie mit einem Haarpinsel Nr. 2 (Umbra).

Im letzten Schritt malst du mit Deckweiß Schneereste in die Berge. Dann arbeitest du die Büsche und Bäume weiter aus. Du färbst ihre Schatten dunkler und tupfst zum Schluss mit dem Borstenpinsel Ockergelb und Weiß für das Licht auf. Zum Schluss übermalst du die Wiesenflächen mit Ockergelb.

Mit einem Haarpinsel Nr. 4 werden die Holzwände der Häuser gemalt. Dazu mischst du Siena gebrannt und Umbra.
Den Zaun, die Fensterscheiben und die Tür malst du mit Umbra.

Damit man die einzelnen Fachwerkbalken besser erkennen kann, ziehst du mit dem Haarpinsel Nr. 2 dunkle Linien mit Umbra.

Blumen

Auf dieser und den nächsten Seiten zeige ich dir, wie Frühlings- und Sommerblumen gemalt werden. Du wirst die wichtigsten kennen lernen. Und wenn du gleich von Anfang an mit mir zeichnest und malst, kannst du das, was du dann gelernt hast, auf fast alle anderen Blumen, die hier nicht gezeigt werden können, anwenden.

In diesem Kapitel lernst du:
✦ *wie Blumen mit Hilfe der Grundformen gezeichnet werden.*
✦ *wie Licht und Schatten entstehen und die Blumen dadurch natürlicher aussehen.*

Aus zwei **Kreisen**, einem großen und einem kleinen, entsteht eine Sonnenblume.

In diesem Schritt nimmst du Gelb und Braun. Trage die Farben mit dem Haarpinsel Nr. 4 auf.

Licht

Licht

Über das Braun in der Mitte tupfst du mit dem Borstenpinsel Nr. 4 Orange und Gelb. Die Schatten in den Blütenblättern malst du mit einer **Lasur** aus Dunkelbraun.

Mit Deckweiß malst du das Licht, das auf die Blume scheint. Und wenn du jetzt noch einen Stiel und ein Blatt malst, ist deine erste Blume fertig!

Aus zwei Kreisen entsteht auch eine **Margerite**. Sie hat kleinere und schmalere Blütenblätter. Ich habe den Hintergrund blau getönt, damit man die weiße Blüte besser erkennen kann.

Die Blütenmitte wird mit Gelb gemalt und die Blätter mit Deckweiß. Tupfe mit dem Borstenpinsel Orange in die gelbe Mitte, bevor im dritten Schritt der untere Teil noch einmal mit Dunkelbraun dunkler getupft wird. Die Schatten in den weißen Blättern malst du mit einer blauen Lasur.

Es gibt noch viel mehr Blüten, die sich aus einem großen und einem kleinen Kreis zeichnen lassen. Hier ist noch ein Beispiel: ein Veilchen.

Fallen dir noch andere Blumen ein, die sich so zeichnen lassen? Versuch es mal mit Stiefmütterchen, Primeln, Gänseblümchen oder Anemonen!
Nun kommen wir zu einer anderen Grundform – dem **Oval**. Hier darf die **Tulpe** nicht fehlen!

Licht

Schatten

  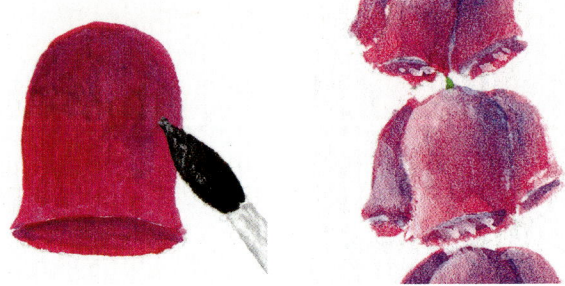

Du kannst die Blüte einer Tulpe auch in der **Nass-in-Nass-Technik** malen. Erinnerst du dich, wie man in dieser Technik malt? Wenn du es vergessen hast, dann schlage auf Seite 10 nach.

Dazu feuchtest du mit klarem Wasser das gezeichnete Oval der Blüte an, wartest nicht bis es getrocknet ist, sondern malst mit zwei Farben auf dem nassen Papier. Die Farben fließen, verteilen und mischen sich.

Zum Schluss malst du die Lichter mit Deckweiß.

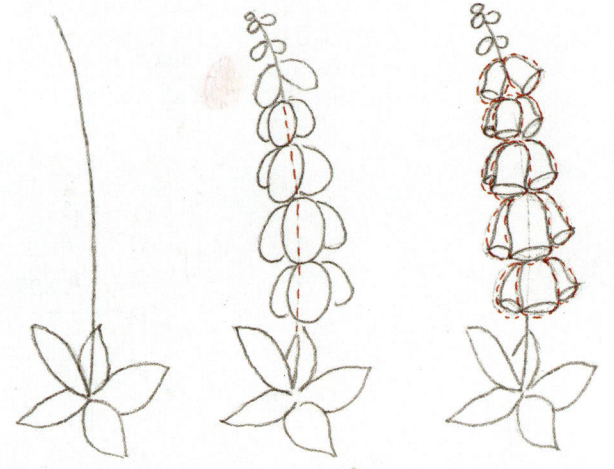

Mit dem Oval als Grundform kannst du auch Blumen malen, die sich aus vielen einzelnen Blüten zusammensetzen, wie zum Beispiel den **Fingerhut**.

Alle Blüten wachsen an einem Stiel.

Für jede einzelne Blüte zeichnest du ein Oval. Innerhalb der Ovale entstehen dann die Blüten. Sie erinnern an eine Glocke.

Und jetzt du!
Ich nenne dir noch zwei Blumen, die sich auch aus einem Oval zeichnen lassen: Krokusse und Schneeglöckchen. Male diese Blumen, indem du die Grundform zu Hilfe nimmst.

Mit Magentarot färbst du die Blüten, und mit Hellgrün übermalst du die Blätter und den Stiel. Für die Schatten nimmst du eine **Lasur** aus Ultramarinblau.

Wir malen ein Blumenbeet

Ich nehme dich mit in einen Garten, denn dort finden wir viele der Blumen, die du gerade gemalt hast.

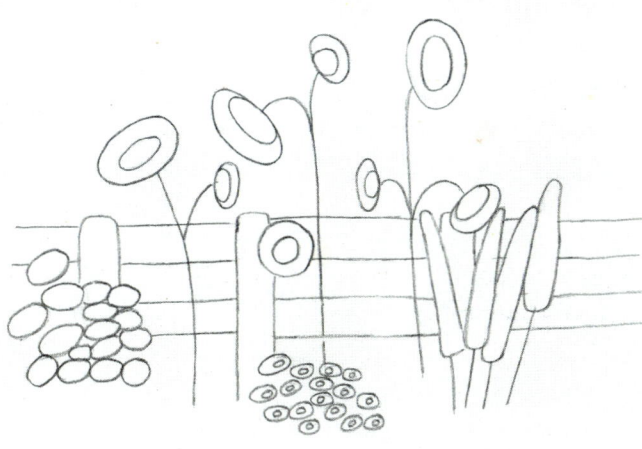

In die Grundformen zeichnest du dann jede Blüte.

Du brauchst folgendes Material:
- dickes Zeichen- oder Aquarellpapier
- Bleistift HB
- Borstenpinsel Nr. 8
- Haarpinsel Nr. 4 und Nr. 8
- Wasserfarben in Weiß, Indischgelb, Ockergelb, Zinnoberrot, Karminrot, Violett, Ultramarinblau, Französischgrün (oder Dunkelgrün), Siena gebrannt (oder Rotbraun) und Umbra (oder Rotbraun + Schwarz)

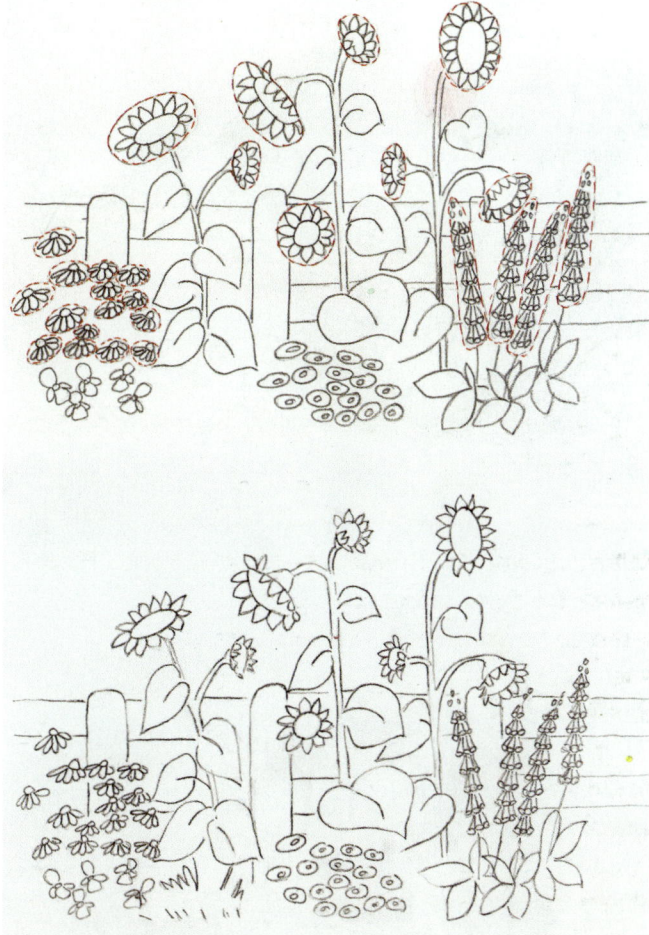

Das Blatt liegt im **Querformat**. Zuerst zeichnest du den Zaun.

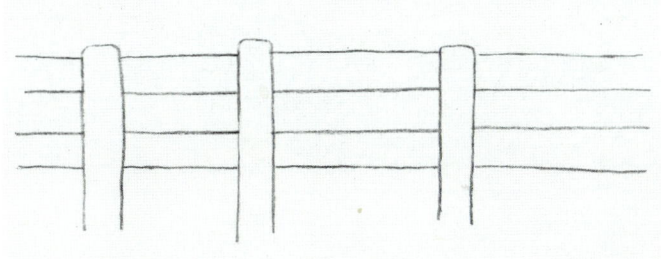

Dann legst du fest, wo jede Blume wachsen soll und wie groß sie werden soll. Das machst du mit Hilfe der Grundformen.

Aus Ultramarinblau und Deckweiß wird die Farbe für den Himmel gemischt und mit waagerechten Pinselstrichen aufgetragen. Die Blüten und Blätter bleiben dabei weiß.

Das Grün der Wiese wird aus Französischgrün und Ockergelb gemischt. Für den Zaun nimmst du Siena gebrannt, für das Innere der Sonnenblumen Umbra.

Nachdem die Farben getrocknet sind, malst du die Blüten. Die Farben siehst du auf dem Bildbeispiel. Benutze einen Haarpinsel Nr. 4.

Für die grünen Blätter wird Französischgrün, Ockergelb und Siena gebrannt gemischt.

Nun malen wir die Schatten. Zuerst in den Sonnenblumen und den Fingerhüten.

Die Schattenfarbe für die grünen Blätter und die Wiese ist das helle Grün des vorherigen Schrittes, gemischt mit etwas Ultramarinblau.

Die Schatten im Zaun werden mit Umbra gemalt.

Im letzten Schritt ging es um die Schatten, nun kümmern wir uns um das Licht. Besonders wichtig ist dies bei den großen, grünen Blättern der Sonnenblumen und den kleineren Blättern des Fingerhuts. Damit man sie von dem dunkelgrünen Hintergrund unterscheiden kann, müssen sie heller werden. Dafür brauchen wir Deckweiß.

Wie du die Sonnenblumen und den Fingerhut weiter ausarbeitest, findest du in der Einleitung zu den Blumen. Die anderen Blumen zeige ich dir in der Vergrößerung.

Zum Schluss entstehen die weißen Margeriten. Sie werden einfach mit Deckweiß und Indischgelb über das dunkle Grün gemalt. Eine Vorzeichnung brauchst du nicht. Male sie dahin, wo Platz ist.

Wenn du möchtest, kannst du noch kleine Schmetterlinge um die Blüten herum malen. Das bringt Leben in dein Bild!

Wir malen einen Fliederstrauß

Hat dir das Bild vom Blumenbeet Spaß gemacht? Dann malen wir noch ein Blumenbild. Aber dieses Mal stellen wir die Blumen in eine Vase. Es soll unser Abschlussbild im Kapitel Blumen sein.

Du brauchst folgendes Material:
- dickes Zeichen- oder Aquarellpapier
- Bleistift HB
- Borstenpinsel Nr. 8
- Haarpinsel Nr. 4 und Nr. 8
- Schwamm
- Wasserfarben in Weiß, Ockergelb, Kobaltblau (oder Ultramarinblau), Französischgrün (oder Dunkelgrün), Umbra gebrannt (oder Rotbraun + Schwarz + Ockergelb) und Umbra (oder Rotbraun + Schwarz)

Das Blatt liegt im **Hochformat** vor dir.
Die Blüte des Flieders besteht aus vielen kleinen Blüten, die alle zusammen in ein Oval passen. Mit Hilfe dieser Grundform entsteht die Vorzeichnung.

Wir fangen mit dem Hintergrund an. Wenn du das Bild auf Aquarellpapier malst, kannst du ihn mit der Nass-in-Nass-Technik malen. Dazu feuchtest du das Papier rund um die Vase und die Blüten mit klarem Wasser an. Dann nimmst du einen Haarpinsel Nr. 8 und trägst Kobaltblau auf. Im unteren Teil mischst du Kobaltblau mit Violett.
Wenn du dieses Bild auf Zeichenpapier malst, trägst du die Farbe auf dem trockenen Papier auf.

Nachdem die Farben getrocknet sind, malst du die Vase mit Ockergelb. Dazu benutzt du den Borstenpinsel Nr. 8. Anschließend nimmst du den Schwamm, drückst ihn in die violette Farbe und tupfst die Blüten innerhalb der Grundformen, so wie du es auf dem Bildbeispiel siehst.

Jetzt entstehen die Blätter. Du brauchst zwei Grüntöne, einen hellen für die großen Blätter und einen dunklen für die Räume zwischen den Blüten. Gemischt werden diese beiden Farben aus Französischgrün und Ockergelb (hell). Wenn du etwas Umbra in diese Mischung gibst, entsteht der dunkle Ton.

Die Schatten in der Vase malst du mit dem Borstenpinsel und einer Mischung aus Ockergelb und Umbra gebrannt.

Zum Schluss nimmst du wieder den Schwamm und tupfst die dunklen Teile der Blüten mit Kobaltblau.

Im letzten Schritt tupfst du mit dem Schwamm Deckweiß in die Blüten. Auch der helle Lichtfleck in der Vase entsteht mit Deckweiß, allerdings mit dem Pinsel.

Für die dunkelsten Stellen der Vase, besonders unterhalb der Blätter, nimmst du eine Lasur aus Kobaltblau. Die Schatten in den grünen Blättern werden noch einmal mit Dunkelgrün verstärkt. Auch die feinen Blattadern werden mit dieser Farbe gemalt. Benutze einen Haarpinsel Nr. 4.

Zum Schluss malst du den Bereich unterhalb der Vase mit Kobaltblau dunkler.

Tiere

Dieses Buch wäre nicht vollständig ohne ein Kapitel über Tiere!

In diesem Kapitel lernst du:
✦ wie man mit Hilfe der Grundformen Tiere zeichnet.
✦ wie man kurzes und langes Fell malt.
✦ wie die glatte und glänzende Haut von Delfinen und Pferden entsteht.
✦ wie man das Gefieder von Vögeln malt.

Wir malen ein Eichhörnchen

Wie gefällt dir dieses Bild? Hast du Lust, dieses Eichhörnchen mit mir zusammen zu malen? Keine Angst, es ist gar nicht so schwer!

Du brauchst folgendes Material:
✦ dickes Zeichen- oder Aquarellpapier
✦ Bleistift HB
✦ Borstenpinsel Nr. 8
✦ Haarpinsel Nr. 2 und Nr. 4
✦ Wasserfarben in Weiß, Ockergelb, Siena gebrannt (oder Rotbraun), Umbra (oder Rotbraun + Schwarz) und Schwarz

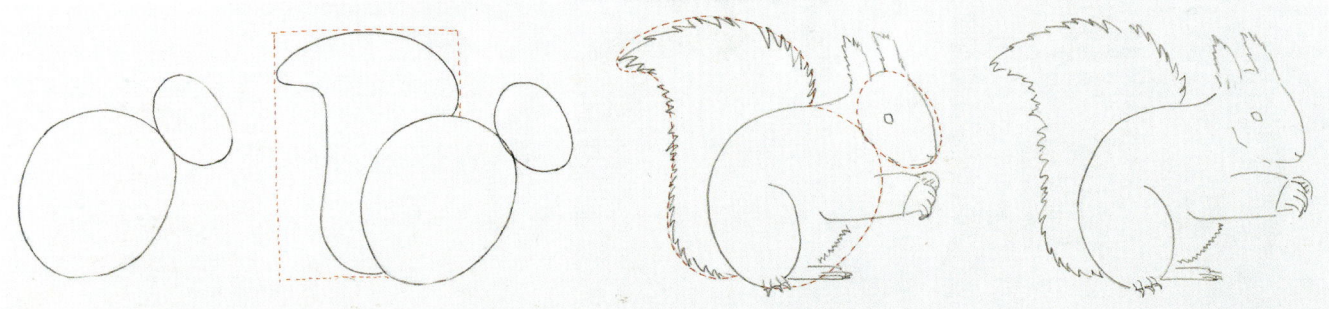

Die Grundform für ein Eichhörnchen besteht aus einem großen und einem kleinen Oval. An das große Oval zeichnest du mit geschwungenen Linien die Form für den Schwanz. Ein Rechteck kann dir dabei helfen.

Innerhalb der nun rot gestrichelten Hilfslinien aus dem zweiten Schritt entsteht das Eichhörnchen.
Das ist die fertige Vorzeichnung.

Nun malen wir das Fell des Eichhörnchens mit Siena gebrannt.
Dazu nehmen wir den Borstenpinsel Nr. 8. Am besten malst du mit sehr trockener Farbe, denn dann kann

man die Spuren, die die Borsten deines Pinsels auf dem Papier hinterlassen, gut erkennen. Das passt gut zum Fell des Eichhörnchens.

Auf dem Bildbeispiel siehst du recht gut, in welche Richtung der Pinsel geführt wurde – immer in die Richtung, wie das Fell gewachsen ist.

Besonders deutlich wird dies am buschigen Schwanz. Male den Körper mit kurzen Pinselstrichen. Für den buschigen Schwanz setzt du den Pinsel am Körper an und ziehst ihn mit Schwung nach außen. Das Auge malst du mit dem Haarpinsel Nr. 4 mit Schwarz.

Um die Nase herum und an der Innenfläche des hinteren Beines trägst du mit dem Haarpinsel Nr. 4 Ockergelb gemischt mit Weiß auf.

Zum Schluss ziehst du mit dem Haarpinsel Nr. 2 und Schwarz die Schnurrbarthaare und setzt mit Deckweiß den weißen Lichtpunkt in das Auge.

Und schon hast du dein erstes Tier gemalt! Du kannst ein richtiges Bild daraus machen. Dir fällt bestimmt etwas für den Hintergrund ein. Wo könnte das Eichhörnchen sitzen?

Wenn der erste Farbauftrag getrocknet ist, entstehen die dunklen Teile des Fells mit Umbra. Die Maltechnik ist dabei dieselbe wie im vorherigen Schritt.

Auch diese Farbe muss gut durchgetrocknet sein, bevor du im dritten Schritt das Fell noch einmal mit Ockergelb überarbeitest.

Ockergelb und Weiß

Wir malen ein Kaninchen

Wir bleiben noch ein bisschen bei den Tieren mit kurzem Fell. Ich möchte dir zeigen, wie man ein Kaninchen malt, jetzt aber mit einem passenden Hintergrund.

Du brauchst folgendes Material:
- dickes Zeichen- oder Aquarellpapier
- Bleistift HB
- Borstenpinsel Nr. 8
- Haarpinsel Nr. 4 und Nr. 8
- Wasserfarben in Weiß, Gelb, Ockergelb, Dunkelgrün, Siena gebrannt (oder Rotbraun), Umbra (oder Rotbraun + Schwarz) und Schwarz

Das Blatt liegt im **Hochformat**. Die Vorzeichnung ist etwas schwieriger als die für das Eichhörnchen. Aber keine Angst, mit Hilfe unserer Grundformen schaffst du das!

Wir brauchen wieder zwei Ovale. Nun befindet sich jedoch das kleinere Oval **in** dem großen. Zeichne zwei Dreiecke für die Ohren und zwei Rechtecke für die Beine – und schon sieht deine Zeichnung aus wie ein Kaninchen.

Die senkrechte und waagerechte Linie innerhalb des Kopfes helfen dir, Augen, Nase und Mund an die richtige Stelle zu setzen.
Im Vordergrund deutest du noch ein paar Blätter und Gräser an – und die Vorzeichnung ist fertig!
Anders als bei dem Eichhörnchen malst du bei dem Kaninchen mit Umbra erst die dunkelsten Stellen des Fells. Da die Maltechnik dieselbe ist, wie in unserem ersten Bild, brauche ich dir hier nicht viel zu erklären.

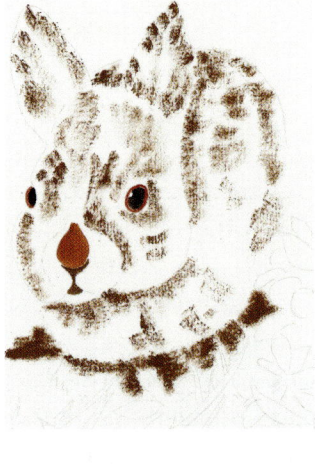

Für die Augen, die Nase und das Schnäuzchen benutzt du den Haarpinsel Nr. 4 und malst mit den Farben Schwarz, Siena gebrannt und Umbra, so wie du es in der Vergrößerung siehst.

Die zweite Farbschicht des Fells ist Siena gebrannt. Die dunklen Schatten auf der Nase malst du mit stark verdünntem Umbra (Lasur).
Anschließend mischst du Dunkelgrün und etwas Umbra. Mit dieser Farbe tönst du den Hintergrund und die grünen Blätter.

Wie bei dem Eichhörnchen nimmst du für die dritte Farbschicht des Fells Ockergelb. Rund um das Schnäuzchen trägst du Deckweiß auf. Zwischen den Blättern und unterhalb des Kaninchens benutzt du Umbra für die Schatten.

Im Hintergrund wachsen nun hellere Pflanzen. Sie entstehen, wenn du mit Gelbocker und Weiß über die grüne Farbe malst. Das gelingt auch dann, wenn diese grüne Farbe schon getrocknet ist.

Genau so malst du auch die weißen Lichter in den Blättern. Die Erde, auf der das Kaninchen sitzt, wird mit dem Borstenpinsel Nr. 8 gemalt. Benutze die Farben in dieser Reihenfolge: Umbra, Gelbocker und Weiß.

Bevor du die feinen Barthaare mit dem Haarpinsel Nr. 4 ziehst, überarbeite noch einmal das gesamte Fell des Kaninchens, zuerst mit Weiß und dann mit Umbra – und fertig ist dein Kaninchen!

Haben dir diese beiden Bilder Spaß gemacht? Dann hast du sicher nichts dagegen, wenn wir noch ein Tier malen!

Wir malen Delfine

Wir kommen nun zu einem ganz anderen Tier. Ein Delfin hat keine Haare und auch kein Fell. Seine Haut ist glatt und glänzend. Damit man die Delfine gut erkennen kann, lassen wir sie über das Wasser springen. Und wie man sie mit Wasserfarben malt, zeige ich dir jetzt.

beginnst du mit dem langen Oval des großen Delfins. Dann setzt du die Dreiecke für die Schnauze und die Flossen an.
Innerhalb der nun rot gestrichelten Hilfslinien zeichnest du die Delfine.

Du brauchst folgendes Material:
- dickes Zeichen- oder Aquarellpapier
- Bleistift HB
- Borstenpinsel Nr. 8
- Haarpinsel Nr. 4 und Nr. 8
- Wasserfarben in Weiß, Ultramarinblau und Schwarz

Das ist die Vorzeichnung, nachdem die Hilfslinien ausradiert wurden.
Zuerst malst du das Wasser mit Ultramarinblau. Benutze einen Borstenpinsel Nr. 8 und male mit waagerechten Pinselstrichen. Dabei bleiben die Delfine vorläufig weiß. Erst wenn diese Farbe getrocknet ist, mischst du Ultramarinblau und Schwarz.
Mit dieser Mischung tönst du die Delfine.

Das Blatt liegt im **Querformat**. Die Grundformen für einen Delfin sind ein Oval und vier Dreiecke. Am besten

Die glänzende Haut der Delfine entsteht, wenn du mit Deckweiß Licht hineinmalst. Sieh dir die Vergrößerung an; dort kannst du es gut erkennen.

Auch das Wasser wird mit Deckweiß übermalt, beson-

ders rund um die Delfine. Man kann sie jetzt auch besser vor der dunklen Wasserfläche erkennen.

Im letzten Schritt entstehen die Wasserspritzer. Dazu tupfst du mit dem Borstenpinsel Nr. 8 Deckweiß auf.

Wir malen ein Pferd

Ein Pferd hat ein glattes, glänzendes Fell. Wenn du die Delfine gemalt hast, weißt du, wie wichtig dabei Licht und Schatten sind.

Du brauchst folgendes Material:
- dickes Zeichen- oder Aquarellpapier
- Bleistift HB
- Haarpinsel Nr. 4 und Nr. 8
- Wasserfarben in Weiß, Rotbraun, Umbra (oder Rotbraun + Schwarz) und Schwarz

Den Kopf und den Körper des Pferdes malst du mit einem Haarpinsel Nr. 8 mit Rotbraun. Dabei bleiben die Nüstern, Mähne, Hufe und der Schweif weiß.

Das Blatt liegt im **Querformat**. Ein Pferd zu zeichnen ist nicht ganz einfach, aber mit Hilfe der Grundformen schaffst du es!

Ein Dreieck ohne Spitze bildet den Kopf. Ein Oval brauchst du für den Körper. Den Kopf und den Körper verbindest du mit zwei geraden Linien. Zeichne noch Beine und einen Schwanz an das Oval – und schon kann man erkennen, das dies ein Pferd werden soll!

Innerhalb der nun rot gestrichelten Grundformen zeichnest du das Pferd.

Das ist die Vorzeichnung, nachdem die Hilfslinien wegradiert wurden.

In diesem Schritt entstehen die Schatten. Male sie mit stark verdünntem Umbra (Lasur). Die dunkle Schattenfarbe soll sanft und ohne harte Ränder in das Rotbraun übergehen. Deshalb verziehst du die aufgemalte Lasur

mit Wasser, wie du es schon so oft bei anderen Bildern in diesem Buch gemacht hast.

Für das Auge und das Innere der Nüstern nimmst du Schwarz und den Haarpinsel Nr. 4.

Aus Schwarz und Weiß mischst du eine graue Farbe und trägst sie, wie im Bildbeispiel, um die Nüstern herum auf. Auch hier ist es wieder wichtig, dass die graue Farbe sanft in die rotbraune übergeht.

Male nun die Mähne und den Schweif mit Schwarz. In die feuchte Farbe malst du mit Deckweiß Licht. Dabei musst du den Pinsel in die Richtung führen, wohin die langen Haare fallen.

Für die Hufe nimmst du zunächst Weiß und malst dann mit Grau die Schatten.

Zum Schluss malst du mit Deckweiß die hellsten Lichter in den Körper des Pferdes.

Jetzt kannst du dir etwas ausdenken, damit dein Bild noch schöner wird. Wo befindet sich dein Pferd? Auf einer Wiese oder vor dem Stall?

Du hast im Laufe dieses Buches so viel über Landschaften gelernt, dass dir bestimmt etwas einfällt, wo dein Pferd grasen, stehen oder laufen soll!

Licht

Licht

Wir malen ein Vogelhaus

Das ist unser letztes Motiv in diesem Buch: Vögel mit einem winterlichen Futterhäuschen.

Wenn die Farbe des Himmels getrocknet ist, übermalst du sie mit einer aus Ultramarinblau und Karminrot und Weiß gemischten Lasur. Benutze zum Auftragen der Lasur den Haarpinsel Nr. 8.

Für den Tannenbaum mischst du Dunkelgrün und Umbra.

Zum Schluss malst du den Schnee mit Deckweiß.

Das Blatt liegt im **Hochformat**.
Wenn du bis jetzt fleißig mitgemalt hast, brauche ich dir bei dieser Vorzeichnung nicht mehr zu helfen.

Zuerst malst du den Himmel mit einer Mischung aus Ultramarinblau und Weiß. Trage die Farbe mit dem Borstenpinsel Nr. 8 auf. Mit Rotbraun und einem Haarpinsel Nr. 8 werden der Zaun und das Vogelhäuschen gemalt.

Mit Deckweiß malst du jetzt den Schnee in die Tanne, so wie du es auf dem Bildbeispiel siehst. Der Zaun und das Vogelhäuschen bekommen mit Schwarz Schatten. Auch der Schnee muss schattiert werden. Erinnerst du dich an den Schneemann vom Anfang des Buches? Genauso machst du es auch hier!

An dieser Stelle könnte unser Bild fertig sein. Aber ein Vogelhäuschen ohne Vögel sieht traurig aus.
Jetzt zeige ich dir, wie Vögel gezeichnet und gemalt werden. Aus einem Kreis und einem Oval entsteht ein Vogel.

Wenn du ein Rotkehlchen malen möchtest, brauchst du folgende Farben:

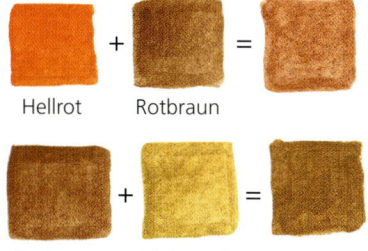

Hellrot + Rotbraun =

Rotbraun + Ockergelb =

Trage die beiden Farbmischungen mit dem Haarpinsel Nr. 4 auf.

Aus Schwarz und Weiß mischst du Grau. Mit Deckweiß entstehen die hellsten Lichter auf dem Gefieder.

Wir zeichnen und malen noch einen anderen Vogel. Er sitzt auf einem Zweig. Auch jetzt brauchen wir wieder einen Kreis und ein Oval. Malen wir ihn farbig, erkennst du, dass es eine Meise ist. Für das Auge nimmst du Schwarz. Mit Deckweiß malst du die hellsten Lichter auf das Gefieder.

Zum Schluss zeige ich dir noch einen dritten Vogel, der gerade Körner von der Erde pickt. Der Kreis für den Kopf befindet sich nun unten und wird – bis auf ein kleines Stückchen – in das Oval hineingezeichnet.

Male ihn mit folgenden Farben:

Ockergelb Schwarz Weiß Rotbraun

 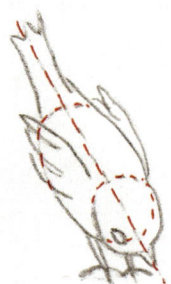   

Nun sieh dir unser Vogelhäuschen noch einmal an. Ich bin sicher, dass dir dein Bild bis jetzt gut gelungen ist.

Zeichne so viele Vögel in dein Bild, wie du möchtest. Wenn du sie vorzeichnen willst, kannst du das mit dünnen Bleistiftstrichen auf das gemalte Bild . Aber Vorsicht beim Radieren! Radiere so wenig wie möglich, da sonst die Farbschichten beschädigt werden könnten!